"新师说"书系

文化立校的传承与发展

学校"双·成文化"方略的研制与践行

徐怡敏 著

文汇出版社

目录
CONTENTS

写在前面的话

　　文化立校，这是教育本质的典型性标志，也是教育现代的标志性物化，更是教育发展的引导性坐标。

　　文化立校，是摆在教育办学者面前的一道主题，也是萦绕在教育工作者心头的一个话题，更是关系教育受益者的一种命题。

　　办学就是办文化。这不仅为中外教育历史所证实，也为现代办学历程所证明。一所好的学校，必然是以文化为旗帜，以教育为核心，从而实现立德树人、以文化人、以教怡人的办学目的。

　　文化立校，始终是一所有品质的学校的灵魂，并且是有发展前景的学校的一条主线。而对文化立校的追寻，成为学校正视当下、走向未来的主旋律。文化立校，让学校永远走在正确的道路上。

　　诚然，文化立校，是一个过程，既要基于学校发展历史的继承性，也要瞄准时代要求的社会性，更需要始于历史、立足现实和回答未来的整体设计。这样的文化立校，总带有学校发展历史的倩影、办学流程渐进的留影和时代脚步追逐的背影。

　　历史，是文化立校的一面"镜子"。创办于1945年的上海市华东模范中学，从被誉为革命的"民主堡垒"起步，历经复夏、育英、培群、广东、振德、大厦、爱华和培英等学校的合并、重组与融合的发展，于1983年在培英学校的基础上复校，冠名为"上海市华东模范中学"（以下简称"华模")。

79年风雨兼程,华模历经解放前的革命斗争、开办之初的艰苦创业、复校后的继承融合、改革时期的开拓创新等发展阶段,形成了宝贵的办学传统和创新成果,对上海基础教育有所建树。

围绕育人目标,瞄准时代需求,遵循教育规律,坚持实事求是,勇敢智慧探索,追求与时俱进,一直是华模的传统和性格,也是文化立校的基点。

20世纪90年代,面对高中教育办学模式单一、千军万马过高考的独木桥、一般完中高考升学率很低、大多数学生成为落榜者的局面,华模在大量社会调查的基础上,从社会和学生的需求出发,根据当时的普通高中教育既为高等院校培养输送合格人才,又为学生直接就业服务的鲜明特点,先人一步首提"双通道"办学模式,做到普教和职教双向渗透,为学生打通"升学预备教育"和"就业预备教育"两条通道,实施了12年艰辛的普通高中"双通道"办学模式的改革历程,创设了学生多元化的发展通道,架起了"人人成才"的立交桥,在上海乃至全国教育界产生了积极的影响。正基于此,华模于2005年建校60周年之际,被正式命名为"上海市实验性示范性高中",成为沪上普通高中第一个跻身市级实验性示范性高中行列的佼佼者,成为学校乃至上海教育界具有里程碑意义的事件,被誉为沪上普通高中教改的一面旗帜。

2008年开始,普通高中面临的形势和生源都发生了深刻变化,华模敏锐地认识到"双通道"的教改精神必须与时俱进深化光大,借鉴先进国家的教育模式,创造性地提出实施"双通"教育,即以强化学生基础知识为重点的"通识教育",以培养通用能力为基础的"通能教育",并落实到主体德育、课程设置、教学改革等方面。至此,华模实现了从"双通道"向"双通"教育的完美转型。

2012年,华模确定了今后一个时期内学校的工作定位与思路:着眼未来，发展"双通"，走向个性——坚持"以学生发展为本"的理念，全力打造个性化的华模"双通"教育。

2021年，面对新时代的新要求、新趋势，面对高中新课程、新教材的全面实施，面对办学的新高度、新企求，华模打开了一个重要的发展"窗口期"，站到了一个重要的转型"关键口"，迎来了一个重要的文化"再塑战"：新时代高中育人方式的改变，"五育"并举核心素养的培育；新技术教育环境条件的优化，"融合教育"信息素养的倚重；新要求区域精品教育的推崇，"个性化教育"关键素养的输入，迫切地需要从文化立校的更高视野、品质育人的更宽立意、全面优化的更深程度，进行以文化建设为特质的系统盘整和全面提升。

文化立校的发展，既需要平缓的日趋推进，也需要跃升的节点突破。因此，2021年，华模在调查研究、慎重考虑和精心谋划的基础上，决定研制《双道至简　成势求精——上海市华东模范中学"双·成文化"方略》，并在2022年，实施以"成人成才蕴人文、成功成就含功夫"为核心要义的全方位实践推进，旨在为高质量的办学、高品质的育人、高效益的教育架设更大、更宽、更长的"通道"。

"双·成文化"方略，既是对"双通道""双通"教育的主张的继承和发展，也是对"双通道""双通"教育的实践的提炼和助推，更是对华模华丽转型、模范成形的勾画和设计。

我们强调：文化立校，是用思想滋养、价值引领、精神推动、愿景激励来凝聚全校师生心愿，固化已有成果、深化办学内涵、磨炼发展内功，进一步为学校向优质要前程、向领先要作为、向超越要动能。

从严格意义上说，文化立校，既是高瞻远瞩的顶层设计，也是价值引领的思想凝练，更是脚踏实地的行为导向，也是全面落实的基准出发。

因此，华模将文化立校作为系统工程加以设计和实施，如果说《双道至简　成势求精——上海市华东模范中学"双·成文化"方略》是属于思想性、观念性、精神性的引领，是一种高位研制，那么围绕"双·成文化"方略进行学校高质量发展的整体实践，就是属于具体化、显性化、成效化的践行，是一种求实探索，这是不可分割的两个部分。前者要为后者引航，后者要为前者证明。文化立校的最终效果，应当体现在办学质量的全面提升上。

显然，双道鸣"道"，成势长"势"，"双·成文化"方略的研制与践行，成就了"文"与"化"。华模对"双·成文化"的研制与践行，更是一种双成的体现。自"双·成文化"方略成功研制后，学校在全校师生范围内进行了普及宣传、领悟要领的思想解放和观念更新，推崇用特色文化提升思想境界和观念层级，同时在提高育人品质、课程教学、评价机制和课题深化研究等方面展开了卓有成效的具体实践。

我们认为，文化不仅是能用来看的、悟的，而且是能用来做的、行的。经过几年研制与践行，"双·成文化"方略已经成为全校师生的思想宝库、价值判断、行为指南，并在形成共识的基础上，成为提升办学水平的法则，成为精准育人的细则，成为"华模人"的守则。

"双·成文化"方略的研制与践行，为铺就华模新一轮示范性实验性的坦途，成就一所普通但并不平庸、朴实但并不平淡、平凡但不平价的优质学校、示范学校、品牌学校，提供了照亮前程的灯塔和迸发活力的引擎。

事实证明，"双·成文化"方略的研制与践行，让我们更体现教育本质，更实现教育功能，更接近教育理想。

第一部分

立校重文·创建概论

文化，是教育的源，也是办学的泉。立校重文，充分依仗文化的内涵、内蕴和内容，进行实质性的创建。

"双·成文化"的由来

立校重文，关键在于梳理学校发展演变的历史脉络，并从中抽取精华，作为文化的奠基。

（一）"双·成文化"培育的理性选择

我们认为，学校文化，是办学持续发展的必然选择，是全体师生奋斗历程的价值凝聚。认真梳理学校发展脉络，清晰回顾学校成长历程，特别是办学理念及其办学思路的产生、发展过程，总结其中的必然因素，是文化立校优质发展的现实需要。

1."双·成文化"产生的历程

"双·成文化"产生于学校办学理念，萌芽于"双通"教育的办学特色，成就于多元化个性化培养方式的实践，植根于全校师生对学校发展价值与愿景的认同。简要回顾学校办学特色的历史成因，对于构建"双·成文化"具有承前启后和发扬光大的作用。

（1）"民主堡垒"革命传统与学校沿革前行

上海市华东模范中学创建于1945年，中共地下党组织为了要把这所学校办成一个战斗基地，成为"中学的民主堡垒"之一，1945年底决定由之江大学党支部派教育系中共党员左淑东、华世璋来校开展工作。华模教师绝大多数是中共地下党员，不少人以华模为掩护，从事其他部门党的工作，虽然组织关系不在学校，但他们积极地在学生中宣传革命真理，播撒了红色的革命种子。在党的直接领导下，确定华模的主要任务是：发展学校、团结师生、掩护同志、配合学生运动。学校的培养目标是：培养革命后备军。华模最初的四年，正是中国两种命运、两种前途决战的时刻，学生始终站在革命斗争的前列，坚定"跟着中国共产党""打倒反动派""解放全中国"的信念，投奔革命的热情像一团火在心中熊熊燃烧着。就这样，华模成为培养革命力量的摇篮，被誉为"民主堡垒"。

经过梳理、归纳和概括，华模的优良革命传统表现为：为国育才，培养革命的后备军；实践第一，青年学生在革命斗争实践中迅速成长；德才兼备，文化教育和世界观教育相结合；同心协力，新颖和谐的师生关系、党群关系；艰苦奋斗，在艰苦的条件下勤俭办学。

学校在创建以来的岁月中，先后经历了复夏、育英、培群、广东、振德、大厦、爱华和培英等学校的组建、融合、发展，于1983年在培英学校的基础上复校，形成了如今的上海市华东模范中学。

有着光荣革命传统的华模，复校后卧薪尝胆、励精图治、敢试敢闯、科学发展，在办学理念及其实现方式上走出了自己独特的"华模道路"，开创了"开拓创新，敢为人先；团结民主，和谐合作；科学严谨，求真务实；多元发展，为国育才"的"华模精神"。

（2）"双通道"办学模式创建与办学思路拓展

从1983年复校到1995年的十多年间，是学校探索发展方向、拓展办学思路、形成办学理念的重要实践期，是学校创业精神、办学特色、教育品牌初具规模的重要积累期。

1994年，根据社会需要、区域环境、学校条件和生源实际，学校开创性地提出并有效实施"双通道"办学模式，其并不是简单地对普通教育与职业教育两种教育类型叠加，而是探索学校发展转型与培养目标实现方式的有机合成，运用教育规律与学生为本理念的有效加成，开拓办学思路与深化教育教学改革的有效组成。

"双通道"办学模式的实施,在上海普通教育领域取得了学生发展由"一"条升学通道拓展为升学、就业"两"条通道("双通道")的理论和实践性的突破,为学生提供了多元发展的可能,为普通中学的办学改革打开了思路,也为育人方式改变做出了积极探索,学校从此在"双"字教育与发展上独树一帜。

（3）"双通"教育创新发展与育人方式改变

2008年,与"双通道"办学模式创立时的探索精神和发展韧劲一脉相承,华模纵览教育全局,把脉教改走向,借鉴国内外先进教育理念,根据社会对人才规格的新趋势新要求,果断地提出了"双通"教育新模式。

如果说"双通道"教育更多的是办学模式的探索,那么"双通"教育不仅是办学模式的新探索,而且更多的是教育理念、办学文化和育人方式的新突破,在举办有特色的优质教育上,华模又一次占得先机,站在了教育改革的制高点。

敢于突破,勇于创新,善于争先,是华模的办学品质;与时俱进,融新致优,自我激励,是华模的发展信念。"双通"教育在保持"双通道"办学模式优势内涵的基础上,更为强调多元化、个性化的办学理念,更加凸显为每一个学生提供适合其发展的教育服务核心价值和使学生特长发展、差异发展的个性化教育价值,并形成了"四领域十六指向"的成果。2018年后,学校根据高考改革的新政、聚焦核心素养的重点,以及学生综合素质评价的要求,总结"双通"教育的成果,提出育人的"五领域二十项指向",更加突出办学和教育的育人功能、育人作用,是教育理念创新与落实立德树人根本任务完美结合的具体体现。

2."双·成文化"形成的背景

"双·成文化"的形成,既有学校奋斗历程的积累、基因传承,更有现实求变发展的客观因素、内在动力。学校在发展中，提出了有价值的办学理念和发展愿景，为"双·成文化"奠定扎实的产生基础和价值思想的框架根基。

（1）"多元发展"的价值追求

多元发展是基于学校存在不同教育模式，相对应学生的教育需求，适应不同学生的个性发展。

一是满足不同层次学生的发展需求。学校办学的属性和定位有其规定性。普通教育和职业教育，通俗地讲是"双轨制"教育。与此相适应的是对应的生源质量。这种情势，需要学校打破单一模式的办学桎梏，采取多元教育理念、多元结构办学的办学模式和发展思路，以满足不同层次学生的不同学习和成长需求，让全体学生得到全面发展，使每一名学生达到个性化发展的育人目标，得以有效落实。

多元发展的教育思想，引发了"双通道"办学模式的诞生；多元发展的实体到位，给予了学生各得其所发展和合适成长路径的实在泽惠。

二是体现学校办学思想的教育追求。办学，就是办情怀、办境界、办追求、办奉献。从实际出发，突破环境制约，创新发展理念，更新教育方法，为区域百姓和学生提供尽可能优质的教育资源，是学校办学的初衷和愿望。

多元发展的办学思路确立，正是华模办学者审时度势、创新发展的大教育观的写照，是心系百姓、心念学生的大教育情怀的写真。

面向全体学生，不放弃每一名学生，是学校多元发展的本源，是学校特色、品牌与口碑创立建立的"始作俑者"。

（2）"导师制"的个性育人

"导师制"，是基于学生客观存在的发展差异，为满足每一名学生的全面个性发展而采用的育人模式。

一是按需所导的教学方式。学生个体的差异性，决定了学习方式不能一刀切，应该按照每名学生不同的需求量身定制，既要"喂"得对又要"哺"得饱。学校创立的"导师制"，就是个性育人的教学方式。

"导师制"也是按需所导，即打破原有班级概念，根据有相同需求的学生组成学习群体，安排合适的"导师"予以学习教学和成长辅导，保证学生学有教导（所学）、长有指导（所长），使个性化的针对性发挥极致，成长的效果发展极限。"导师制"创造性地解决了让学生多元化个性化发展的难题。

二是适切成长的育人模式。什么是较佳的育人模式？能适合个体最充实、最有效、最有针对性的方式，就是最好的育人模式。因此，在华模，只有整体上、综合评价上最好的育人模式。对学生个体而言，在"导师制"氛围下的学习成长方式，才是不同学生选择的最好育人模式。

学校"导师制"在发展中进化，在提质中优化。从形式较为普通、内容较为单一的初创期的"导师制"，到性能整合优化、效能整体提升的成熟期的"导师合作制"，让学生拥有了能使自己真正学有所获、全面成长的学校最佳教学资源组合。

导师"共享"，混龄"同窗"，在华模已是遍地开花的教育果实；教育"开眼"，让学校、教师、学生三者各自找到了多元个性发展的最佳位置。

（3）"双·成文化"的突破选择

华模复校以来的良性发展，已经初具学校文化意义的价值沉淀，为提炼、构建学校文化提供了有利条件。随着学校办学理念的嬗变优化、"双通"教育模式的倡导贯彻、多元个性发展办学特色的蔚成风尚，客观上催生着学校文化——"双·成文化"的破土而出，引领学校发展进入新的境地。

一是价值推动学校内涵提质。在将近80年的办学历程中，学校面对区域教育强校和既有的教育模式，敢于交手，勇于突破；敢于胜利，创新不止；自我加压，开拓不懈，取得了一般普通完中所难能企及的辉煌成就，赢得了上级领导充分肯定、社会各界普遍赞许、百姓学子交口称赞的荣誉。

价值为学校提质赋能，为学校向内涵深层要潜力。学校在2021年用"双·成文化"的价值力量推动学校迈向更高教育境地。

二是文化驱动学校跨越发展。文化是价值的集合、精神的化身、愿景的依托，师生凝聚力的源泉。办学校，其实就是打理文化；办教育，其实就是兴旺文化。一句话，就是借助文化特有的功能和迷人的魅力，为学校持久高质发展提供信念保障、价值护航、精神寄托，为学校真正走向自立自觉自为自强的良性发展之路提供价值牵引、精神指引、愿景吸引。

12年的"双通道"探索，12年的"双通"教育的深化，12年的"个性化"教育的实践，经过三个12年轮回递进，华模站到一个新的发展当口，用文化方略高位系统架构并统领整体办学水到渠成。

2021年，"双·成文化"方略的研制，正是"双通道"转轨、"双通"教育转型、"个性化"育人方式转变的一种理性选择，也是成就立德树人、全面发展的一种质性判断，更是办学提质、特色提升的一种锐性思维。

3. "双·成文化"建构的缘由

"双·成文化"的呼之欲出，是时代对优质教育的呼唤、对学校内涵发展的催促、对学校提升办学品位的提携。将特色上升为文化，用文化加深特色，更好地转化育人成果，使学校发展进入新的境界。

（1）时代发展对人全面发展的客观需求

人才培养规格与要求是随着时代进步和社会发展而变化的，与时代同步、为社会所需，是学校培养目标的唯一选择和必然适从。当今时代飞速发展，以人工智能为代表的互联网计算技术，正以前所未有的发展态势进入人们的应用领域，从来没有像现在这样，人的全面发展与时代需求如此紧贴。紧扣时代发展脉搏，为学生全面发展种下"时代基因"、培植"时代种子"，是学校办学要义。

所谓学生全面发展，是全体学生共同进步的群体全面发展，也是每一个学生德智体美劳的个体全面发展，更是所有学生满足时代和社会需求的角色全面发展。因此学校强调落实：一是为社会所需所用而为学生全面发展落实培养措施；二是为每一位学生能够适应社会生存所需所用并根据其自身条件进行的个性化发展的落实培养内容。面向全体学生，为了学生的全面发展和个性化发展，是时代赋予学校的光荣任务，是"双·成文化"构建的重要缘由。

（2）立德树人教育使命担当的主观企求

学校的根本任务是育人，即要解决好"为谁培养人？""培养什么样的人？""如何培养人？"的重大问题，这是学校的教育属性规定的。立德树人，是我国社会主义学校的办学方向和根本任务，学校一切工作都应围绕这个中心展开。

在华模已经开展、实施的各项工作，无不彰显立德树人根本任务的育人宗旨，无不体现立德树人根本任务的核心指向。学校所打造的办学特色，所追求的办学层次，所期待的教育教学效果，都是学校教育使命的初心执念、教育情怀的孜孜不倦、教育理想的不懈追寻。"双·成文化"的创建，正是为实现立德树人根本任务进一步落到实处而予以文化支撑。

（3）提升办学品质优质教育的动能激发

进步无止境，追求无尽头。华模复校以来，办学方向明确，目标清晰，措施有力，进取有方，脚踏实地，潜心耕耘普通完中教育，努力培养适合成长需求的学生，许多方面都取得了骄人的成绩，在区域、业界赢得了良好的口碑。这是学校胸有志向、心有情怀、矢志不渝、争先敢为所使然。

时代发出催征令，教育更待从头越。华模的领导和师生，向来有着乘风破浪的豪气，有着创新开拓的快意，有着做强做优的魄力，有着标新立异的才气。众多的成绩，是我们攀登新高的路基；成熟的经验，是我们迎接挑战的信心；永不满足的心气，才是我们所向披靡的武器。"双·成文化"的到来，为学校进一步提升办学品质和优质教育如虎添翼。

（二）"双·成文化"架构的哲性思维

我们认为，"双·成文化"的由来及作用、关联及含义、发展及思索，是成功架构的前提，是准确阐释的铺设，是完整立意的必备。宏观演绎，哲性思考，是全面架构"双·成文化"的开端。

1."双·成文化"基于定义的界定演绎

"双·成文化"的构建有着多角度、多维度、多层面的基本思路。

（1）"双·成文化"的起点：基于"学生"的全面个性成长

学校文化的构建，一定是基于以生为本的原则，使学生在学校的发展中得到应有的成长发展，得到体现自身价值的荣耀。"双·成文化"构建的立意，是与学校多元个性发展的办学理念和立德树人的根本任务相一致的。

"双·成文化"，贵在"双"字，用"双"牵手既往，着眼当下，放眼未来；重在"成"字，用"成"概说育人内涵，表述学生成长意蕴。如果说在过去的学校发展中，已经有意识地用文化价值施加于育人过程，那么，"双·成文化"的加盟，将是学生全面个性成长的"'双·成'版"，有助于营造学生全面个性成长氛围，有助于强化和落实学校以生为本的管理理念及其措施，形成全面育人、全员育人、特色育人、多元个性育人的良好氛围，进一步扩建学生健康成长发展的历练舞台。

（2）"双·成文化"的起源：基于"双通"的功能集聚辐射

"双·成文化"作为学校文化的概括，具有学校文化所具有的一切功能、作用与意义。"双通"教育办学思路与实践，及其"双通道"教育办学模式，在构建学校文化中，必然要与"双·成文化"发生亲密沟通和天然联系，其办学思想和教育教学实践结晶必然会在"双·成文化"中映射体现，定然会成为"双通"办学特色巩固发扬光大的积极推动者，同时又会成为"双通"教育理念走向更高发展层次的推手。

如果说"双通"实践多是办学层面及其意义上的教育理念和方法运用，那么"双·成文化"则是在以生为本的立德树人高度上的育人文化和溯源办学宗旨的学校文化，赋予了"双通"教育更为强烈的育人色彩。

（3）"双·成文化"的起飞：基于"成就"的办学整体提升

学校办学实力的巩固充实，需要用文化的内力加以夯实；学校办学水平的整合创新，需要用文化的形态予以再现；学校教育质量的提升优化，需要用文化的功力给予保障；学校师生的愿景认同，需要用文化的价值予以统一。

"双·成文化"中的"成就"基色，既是学校办学发展追求的目标，也是学校文化内涵的价值所在，更是育人目标的明确指向和殷切希望。在学校发展转型的关键点位，"双·成文化"主动介入，积极参与，为发展出谋划策，为办学画龙点睛，为特色装扮亮彩，为育人保驾护航，对于学校整体办学水平的提升，将起到不可估量的巨大作用。"双·成文化"的构建绝非偶然，而是学校发展到一定时空节点的必然响应。

2."双·成文化"基于定性的元素融合

"双·成文化"充分体现所处环境的特征、所具功能的反映、所担任务的价值，并给予充分的明晰关系，认清自身的责任，更好地承担起学校文化应有的重任。

（1）"双·成文化"与中华优秀传统文化的传承

中华优秀传统文化讲究以"双"为倍数的物体、事体的表达寓意，如囍、好事成双、双喜临门、文武双全、比翼双飞、德艺双馨等，表示吉祥和美好；信奉"成"事，以"成"为荣，以"成"为信，以"成"为大，如成人达己、成风化人、成家立业、功成名就、成仁取义等，表示志向和崇尚。

"双·成文化"，源自中华传统文化的精华，在传承的基础上，融入了时代元素，发展了新的含义。"双"，既有原义的解释，又有表示数量众多的引申义；既有对"成"字的约定，又指全体学生的人众。"成"，既有内心的期望，也有意义的拓展，更有成长成才、成功成就的当代新公民的志向抱负。

（2）"双·成文化"与人类优秀经典文化的汲取

人类优秀经典文化是全人类共同的宝贵精神财富，应当为我们所学习与借鉴。在国外先进文明与优秀经典文化中，不乏基于合作、发展基础上的对"双"和"成"的解读与用意，如"双赢""加成""成全""成功""成才"等，不一而足。

对于加倍的好事，对于成功的追求、成就的向往、成长的渴望、成才的希冀，是全人类共有的美好愿望，是与"双·成文化"的内涵所推崇并相通的。

（3）"双·成文化"与教育属性有机联系互融

教育属性就其本质属性而言，就是根据社会需要、国家意志进行培养人的活动。社会主义性质的学校教育，就是要按照党的教育方针，培养社会主义事业的建设者和接班人，实现立德树人的根本任务。学校一切育人和教育教学活动，都围绕这个目标展开。

"双·成文化"的建设是为更好地培养学生服务的。"双·成文化"是学校文化，学校文化离不开姓"教"，也就是"双·成文化"的本质属性与教育属性相一致，是教育属性在华模的展开方式。理解了这一点，"双·成文化"的构建才能方向正确、目标明确，使学校育人目标及其教育教学任务能够更精准、更高效、更完美地实施。

（4）"双·成文化"与全面发展核心素养的贯通

中国学生核心素养组成内容，现已成为衡量学生全面发展的衡量标准，是"五育"并举的具体化。学校应当把核心素养的全面发展定义作为培育学生的目标导向和内涵解释。但是，核心素养是宏观的规定、原则的界定、总体的确定，具体实施还应当根据学校实际进一步细化，把核心素养的内涵要素和精神实质融入学校的办学思想与育人目标中。

"双·成文化"是华模结合时代特征、融化"五育"内蕴、围绕育人根本、提升办学特色的办学灵魂，是全面发展核心素养的校本化贯彻与实践的育人工程和办学策略，"双·成文化"的达成目标、内涵要义与全面发展的核心素养的精神实质是相吻合的。

3. "双·成文化"基于定位的有机关联

"双·成文化"作为文化现象，有其生长、发展的过程与经历。厘清发展脉络，把握发展趋势，找到发展规律，对于华模的特色回顾、文化立校的思想确立，具有实在的意义。

（1）从"独木桥"到"双通道"：轴心确立

身为普通完中，想着宏大事业；身为教育中人，心怀宏大理想。彼时，学校处在复校后的办学方向及其途径的探索期，按图索骥，循规蹈矩，一步一个脚印、踏踏实实地摸索着、前行着。这是理所当然的，对于积累办学经验、判断发展出路的刚复校的成建制学校来说，是必然的学习过程。

多年卧薪尝胆，终得磨成一剑。有准备的"华模人"，此时在向传统教育挑战了，在向教育改革的战书出招了。学校出手不凡，"双通道"办学模式一出台，即在校内外激起阵阵涟漪，引来刮目相看。多元个性化办学思想、为学生成长发展提供最合适的土壤的育人理念，此刻扎下深根。

从"独木桥"办学探索到"双通道"办学模式确立，以学生为本的理念是根本遵循，确立"主轴心"，12年时间，实现第一次华丽转身。

（2）从"双通道"到"双通教育"：横向延伸

"双通道"办学模式探索取得了成功，华模的办学思想及其实践获得了社会认可，学校由此获评上海市实验性示范性高中，领跑普通完中教育改革，为多样化个性化办学增添了"华模"样本。学校取得了前所未有的成绩，交出了一份办好家门口学校的满意答卷。

在成绩面前，学校没有止步。在又一个10年中，学校紧盯上海教育综合改革大局，紧贴社会发展对人才培养的新趋势、新要求，向教育规律要质量，向先进理念求突破，向创新发展寻机遇，在"双通道"办学模式遇到现实条件变更的情形下，果断地提出"双通"教育理念，并坚定地在办学中加以贯彻实施。

"双通"教育是对"双通道"的继承与发展，其创新成色犹如"双通道"提出时的新颖、震撼。她不仅由"双通道"而来，但又具有符合时代发展颠覆意义的全新教育理念。通识、迪能，可以说囊括了普通教育的基本要义。抓住了教育的根本，牵住了办学的"牛鼻子"，学校进入了黄金发展的繁荣期。

从"双通道"办学模式到"双通"教育模式的实施，以适应未来发展为施教依据，扩大"横向面"，学校又一次实现了华丽转身。

（3）从"双通"教育到"双·成文化"：纵向深化

从"双通"教育确立实施至今，学校办学实践与教育探索在取得极大成功的基础上，深挖"双通"潜能，全力开发"双通"新意，极力完善"双通"机制，使"双通"教育成为学校又一张办学特色的新名片，为普通完中办出优质教育交了又一份成绩单。

再好的成绩，终究是现在时。已有的出色，说明曾经的付出。将来的表现，需要创新借力，开拓使力，文化用力。从"双通"教育到"双·成文化"，前者是办学形态的概念，后者是文化立校的价值回归。"通识、通能"的目的是成人成事、成就成功。"双·成文化"不仅是"双·成"的价值推进与实现者，而且是"双通"教育的效益最大化的推动与运作者。

用"双·成"的文化力量固化"双通"教育的成效并使之持久旺盛生长，为华模持续保持普通完中教育改革的排头兵地位，持续成为普通教育理念创新、方法创新的一线学校，持续拥有品牌特色的口碑学校，以文化引领办学格局为追求，获得"纵深感"，是再次华丽转身、实现跨越发展的难得机遇。

（4）从"升学功能"到"幸福人生"：全向演绎

为学生缔造幸福、拥有幸福、创造幸福奠基，是学校办学的目标，是育人的初衷。从"双通道"到"双通"教育，无不如此。

应该说，从"双通道"办学模式创立的初衷看，学校的"升学功能"成分占有不小比例。这也无可厚非，只要确保升学，升入学生自己理想的学校继续深造，才有获得拥有幸福的资本。但是，教育的意义不仅是让学生升学，在完成升学目标的同时，让学生获取成长"密钥"，带着幸福的愿景走向升学、面向社会，是学校更有价值的教育事业，更具意义的育人情怀。

"双·成文化"的构建，开启了学校从"升学功能"的办学方式，走向以"幸福人生"为重点的"升学功能"与"幸福人生"并存的优质教育、品质学校的全新模式，以引导学生获得幸福的头脑和能力为目标，提升"全面化"，是美妙化身、展现品质发展的建树红运。

4."双·成文化"基于定夺的建设要义

建设"双·成文化",首先要从大方向上明确其建设依据,认识其意义和重要性,并给予它完整的内涵,才能够在具体建设及实施中有据可依、有标可从,在实践中不断完善。

（1）指导思想

"双·成文化"确立,以文化为指引,以思想为核心,以品质为旗帜,致力于教育的文化效应与社会的长远效应、办学高质与育人品格的适配和协调。

① 文化立校

以文化的精华、精神的内涵充实校园——用文化的经纬撑起师生的"双·成"价值;用文化的生机激荡师生的"双·成"精神;用文化的脉络拨动师生的"双·成"心弦;用文化的魅力成就师生的"双·成"活动;用文化的波涛助推学校的"双·成"发展;用文化的砖瓦构筑完成立德树人的根本任务。

② 思想立本

以思想的内核、理念的驱动引领发展——用习近平新时代中国特色社会主义思想指导学校教育的全过程;将立德树人根本任务的落实贯穿学校育人的全方位;用"成人成才 成功成就"办学理念引领学校日臻进步;用"成人成才 成功成就"办学理念助推教育教学管理与质量不断创新;用"双·成"文化价值激发全校师生凝心聚力。

③ 品质立足

以品质的底蕴、品位的深意涵盖全局——用"双·成"品质立足学校工作;用"双·成"信念推动学校发展;用"双·成"文化潜入师生心脑;用"双·成"精神自觉规范师生行为。品貌是学校形象的外现,品位是学校办学的内在,品行是学校活力的彰显,品牌是学校立校的形象,品格是学校教育的高度。

"双·成文化"的指导思想，应着重关注：

一是关键在于认识到位，即确立文化立校思想。认识到文化立校对学校转型发展的重要意义、创新发展的动力保证和优质办学的关键作用，真正让"文化立校"思想成为全校师生的统一意志。

二是核心在于价值当用，即确定"双·成文化"定位。学校文化是用价值、精神、愿景等来要求、规范、凝聚师生的心愿与行为，应当用文化的概念、方法打造"双·成文化"，让"双·成文化"有效潜入师生心田。

三是重点在于文化营造，即营造"双·成文化"氛围。在有效组织、宣传、发动下，充分发挥文化渗透力、影响力作用，使"双·成文化"渗入学校各工作层面，浸润师生思想，熏染师生行为。

四是要领在于智慧深耕，即规范"行为路线"。反复学习、宣传"双·成文化"。建立全校师生学习、实践、反馈"双·成文化"的贯彻落实机制，形成条件反射，养成自觉习惯。

（2）建设原则

"双·成文化"建设，以内涵深化为定位，以需求满足为定向，以优质升华为定航，致力于内涵的文化演绎、需求的教育服务、优质的全程贯通。

① 内涵导引

让内涵的充实、进取的精神创新"双·成"——用优异质量的成效引导学校创建"双·成"；用优质发展的目标引领学校构建"双·成"；用创新求变的精神引发学校建设"双·成"；用永不自满的英气指引学校建树"双·成"。

② 需求导向

让需求的动力、突破的胆略赢取"双·成"——以立德树人的根本任务为"双·成"导向；以提供优质教育供给的能力为"双·成"指向；以搭建学生"三重"人生成长平台为"双·成"方向；以融入社会创新服务为"双·成"面向；以内生动力自我加压为"双·成"志向。

③ 优质导路

让优质的执念、完美的情怀缔造"双·成"——用精湛的工作标准衡量"双·成"态度；用优秀的人才质量定义"双·成"精神；用优异的工作业绩赞美"双·成"价值；用优美的校园环境回报"双·成"信念；用优雅的仪表仪态感恩"双·成"牵手。

"双·成文化"的建设原则，应重视下列提示：

一是通盘考虑原则：

"双·成文化"建设是一项系统工程，内涵非常丰富，涉及学校工作各个方面，应顶层设计、整体规划、全盘统筹，形成长效建设机制。

二是以建为主原则：

"双·成文化"是树人工程，建设须从长计议，应边建设边学习边实施，在实施过程中整改、提升。

三是成熟实施原则：

"双·成文化"的建设应与实施衔接，建设要与落实配套。对于比较成熟的部分，可以先行实施，以试点带动层面，以层面推广全校。

四是反馈落实原则：

"双·成文化"实施中，通过建立反馈机制予以评估，扬长避短，不断完善"双·成文化"。

（3）总体目标

"双·成文化"的目标，与办人民满意的教育相呼应，与提供优质教育相匹配，与科学育人相适应，致力于在"双"字上下功夫，在"成"字上寻突破。

① 精致办学

让精致的匠心、缜密的思虑编织办学——用精巧的手法把关学校发展的任何细节，以致敬"双·成"；用细致的用功执着学校创新意念的持续勃发，以致意"双·成"；用精巧的构思营建学校发展定力的强大气场，以问候"双·成"。

②精彩教育

用精彩的纷呈、出色的营造扮靓教育——让有神采的教育成为学生的向往，成就"双·成"学业；让有精神的活动成为学生的乐园，锻造"双·成"平台；让有出彩的教学成为教师表演的舞台，造就"双·成"发展；让有思想的教育洗礼师生的心胸，获取"双·成"成长。

③精准育人

让精准的方法、关爱的用心培育学生——感恩"双·成"，用精心的呵护教导学生明德；拥抱"双·成"，用精熟的爱心守护学生成真；亲近"双·成"，用精细的耳语嘱咐学生向善；体验"双·成"，用精湛的场景示范学生懂美。

"双·成文化"的总体目标，应着重注意下列事项：

一是突出创建：

"双·成文化"建设应始终以创建为抓手，落实总体目标也应以创建为突破。创建是以创造性的建设来推进总体目标的实现，是寻求质的发展，而不是量的变化。

二是发展推动：

"双·成文化"应以发展的思路来加以推动。时代在前进，学校要发展，"双·成文化"应与时俱进，适应变化发展的形势，永远保持"双·成文化"的先进性、引领性。

三是循序渐进：

"双·成文化"总体目标的实现，应循序渐进，因时制宜，因地制宜，有序推进，稳妥实施。根据学校实际，重点突破，局部试点，成熟推广。因文化的渗透、影响作用，"双·成文化"随着推进过程逐渐深入人心，将以合围之势扩大影响，渐成整体。

四是落地有声：

"双·成文化"实施措施应落实到位，具有文化的模样、文化的魅力、文化的效果、文化的崇尚，真正凝聚起全校师生的思想、愿望，鼓舞起全校师生的斗志、干劲。

（4）品质特性

"双·成文化"的"双"，有着特定含义：一是取其中华优秀传统文化的吉祥美好之意；二是在学校办学发展史上，具有特殊的纪念和里程碑意义；三是两个"又"，表示经历了名扬四方的"双通道"办学模式和"双通"教育模式，现在又进入了文化立校新时期，是一个复数概念；四是具有承上启下、继往开来的内涵深意；五是象征普通完中身份，表示高中初中齐头并进、普教职教相得益彰。

"双·成文化"的"成"，体现具象意思：一是表示学校文化集中凝练的内涵表达；二是表示对学校办学精神的不懈追求；三是表示对学校育人理念、培养目标的深切期盼；四是表示对学校既有成就的检视与提携；五是寄思学校教育理想、育人情怀的宏大格局。

"双·成文化"，对接时代，展望未来，融入社会，进取人生，为上海教育添薪加瓦，为区域教育争先呈强，为学校发展擎天驾驭，为学生成长挡风遮雨。

"双·成文化"，遵照立德树人，遵循教书育人，对接核心素养，聚焦关键能力，体现科学精神，讲究成事艺术。

我们认为，"双·成文化"是富有内涵的完整结构。

"双"，是内容的双重，是结构的双元，是思维的双轨，在"双"字上积文化底蕴。

"成"，是成功的演绎，是成就的演习；是成效的演练，在"成"字上通未来之路。

"双·成文化"，以美好务实为基，以成人成才为旨，以辩证思维为器，以平凡杰出为求，以人文素养为钵，以工具驾驭为长，具有和谐、平衡、稳定、持续特质的学校文化。

"双·成文化"与好事成双、点石成金的教育哲学贴近，有立意性。

"双·成文化"与时代需求、社会需求的两端维系紧扣，有前瞻性。

"双·成文化"与学校的"双通道""双通"教育衔接，有继承性。

"双·成文化"与健康成人、出色成才的宗旨高度契合，有规格性。

二

"双·成文化"的内涵

我们认为，"双·成文化"有着丰富的内涵意蕴。准确界定"双·成文化"，目的是使"双·成文化"站立起来、丰满起来，对于高起点建设和有效果实施，将起到积极作用。

（一）"双·成文化"内核的质性要素

"双·成文化"作为学校文化，其内涵有着普适性、引领性、深刻性的特征，有着学校文化形态中的最高层次的解读。

1."双·成文化"的内涵表述

（1）"双·成文化"的概念集中

作为学校文化的"双·成文化"，有着顶层意义的概念表达，有着高屋建瓴的指向作用和导向功能。明晰概念，对于顺利建设"双·成文化"，具有重要现实意义。

首先，应当看到文化需要主体性。主体文化，是指在学校办学思想和教育理念的背景下，根据学校发展目标而确定的文化主体，也为学校的主要文化，或为学校文化的主要方面与主要呈现。主体文化可视作学校文化的代表、正统与主流，制约着其他相关文化组合的内涵表达与意义解释。"双·成文化"就是华模的学校文化，也视作华模的主体文化。

我们界定，"双·成文化"，是在优质教育需求大幅提升的挑战和机遇下，华东模范中学自信走向新时代、自觉办出新水平、自能培育新一代的学校主体文化。

其次，应当明确文化具有示范性。示范文化，指的是学校文化对学校各项工作和师生成长发展具有示范意义、引领效力、导向作用。示范文化具有向善的正能量，具有明显的是非界限和善恶取舍，具有明确的价值判断。"双·成文化"就是对师生进取的榜样激励，对学校发展的方向指引，对"双通"教育的价值勉励。

我们界定，"双·成文化"，是在道路自信、理论自信、制度自信、文化自信的风尚下，以传承中华优秀传统文化为基石，以弘扬社会主义核心价值观为引领，以建立正确的世界观、人生观、价值观为追求，以实现优质办学和品质育人为目标的示范文化。

再次，我们应当强调文化要有实验价值。实验文化，是指学校工作需要在实践环境中经受考验，在实验氛围中得出真知，在实验过程中取得进展，是以实验为准绳、探索为精神的实验文化，其本质是探索和创新文化。"双·成文化"就是集学校办学探索与实验之大成的高度概括与深度提炼，具有鲜明的实践品质、实验品格，其来自"双通道""双通"教育的广泛实践，取之于广大师生亲历投身教育教学实践的理想积淀。

我们界定，"双·成文化"，是在实施新课程、新教材的背景下，以落实德智体美劳全面发展为指针，以培育核心价值、必备品格、关键能力为重点，以勇于探索、智于实践、立于创新为引擎的实验文化。

最后，我们应当推崇文化具有特色性。特色文化，是指具有独特创意、学校首倡、影响广泛、意义重大、价值高显的特色文化，涉及文化成果、文化活动的文化精神等方面。"双通道""双通"教育和广大师生的实践是她的成果，其间精彩纷呈的过程是她的文化活动，凝练而成的学校精神和师生共同价值观是她的文化精神。学校文化一定是有特色的文化，能够团结吸引全校师生为之而奋斗，"双·成文化"就具备了这一特质。

我们界定，"双·成文化"，是在文化与教育融合、教育与技术融合环境下，以丰厚的人文素养为滋养，以发展的信息技术为工具，以人文见识、工具见长、思维见地为专长的特色文化。

（2）"双·成文化"的元素集合

"双·成文化"，是事物的集成、事件的大成、事态的汇成，集多重元素于一身，极富寓意价值，极具开发价值，极有演绎价值。

我们在"双"字上下功夫，进行挖掘和提炼。

双：万象的结构原

讲究成双成对：和谐氛围。

讲究合作伙伴：团队精神。

讲究正视对手：知己知彼。

讲究二重思维：多向驾驭。

我们在"成"字上找立意，进行依据和深化。

成：形象的开启源

讲究规律提成：成在科学。

讲究规则兑现：成在守则。

讲究规定约束：成在规范。

讲究规划谋定：成在设计。

我们"双·成"上拓视野，进行铺垫和升华。

双·成：完善的大马达

成人、成才：育人目标。

成势、成全：人生格局。

成功、成就：理想愿景。

成器、成品：境界高远。

我们在"二元"上理对象，进行排列和组合。

校园的二元对应结构：

学校与家庭：双双合作。

教师与学生：取长补短。

教师与教师：同舟共济。

学生与学生：携手共进。

学校与社会：互为映照。

为了让"双·成文化"更有底气和内涵，我们分别从"哲学出处、教育元素、伦理意蕴、人文情结"做了铺垫式和引领式的思索。

"双·成文化"，是一种哲学思想。蕴有大局的意思、兼顾的胸怀、定夺的选择、理想的追求。同时，"双"代表着用至少两种或直至N种思维去看待自然、世界、社会、人间。学会用一分为二的"二分法"对待发生的一切。这是"双·成文化"的哲学出处。

哲学出处："双·成文化"充满哲学辩证意味。成人成才是成功成就的前提，成功成就是成人成才的结果；成人成才是学校育人目标的制高点，是学生渴望成长为祖国有用建设人才的心愿志向；成功成就是学校对学生成长发展的殷切期盼，是学生对建功立业愿景的由衷向往。

"双·成文化"由哲学思维做底基，由办学经历的实践观为底蕴，由对教育探索认知的认识论作指引，由合乎普通教育和育人实践的发展观做向导，其文化身价注定不凡，价值意蕴必定深厚。

"双·成文化"，是一种教育元素。教育，是客观与主体的对应，也是教与育的对应，更是教育者与被教育者的对应。同时，双，表示两者的成立，教育就是互相之间的唤醒、激发、点拨，是在至少两者以上中产生的。

教育元素：充分体现了教育者、受教育者和教育影响三者之间的联系和关系，由学校办学者加施"双·成文化"，其影响所及和目标指向全校师生，为学生成长提供强有力氛围支撑，贯穿"双通"教育，让学生在"双通"教育举措下得到极大收益，使教师在"双通"教育实施中获得有效专业发展和职业幸福。

"双·成文化"具有完备的教育元素，其构建与实施将会走向成功。

"双·成文化"，是一种伦理回归。双，这里代表两种要求、诉求，具有同等的地位和价值。教育，要成就他人，也要成就自己；要利他，也不回避利己；要关注集体，也要关注利益；要学习优秀，也学会生活。

伦理意蕴："双·成文化"具有浓郁的中华优秀传统文化的伦理常情，其成人成才、成功成就，反映的是师生之间的相处关系准则，即在充分尊重彼此的基础上，教师呵护学生，学生拥戴教师，教师期望学生成人成才、成功成就，学生希望教师也能得到相应的回报。

"双·成文化"的伦理意蕴，是师生双赢、双发展、双成长的共享道德关系准则的典范。

"双·成文化"，是一种人文情怀。讲究文化，也讲究文明；讲究大爱，也讲究自爱；讲究真善，也讲究美仁。同时，人文情怀，不缺科学头脑、艺术修养。

人文情结："双·成文化"处处体现着人文关怀，时时洋溢着浓浓的人文情结。她把学生置于学校一切工作首位，把成人成才、成功成就作为育人价值的终极内涵，把学生全面发展和走向成功作为培养目标的宏大意愿，允分展示了学校育人的人爱情怀和高尚的教育境界。

"双·成文化"的人文情怀，是师生共同取暖、共同进步，形成教育命运共同体的特定指向。

（3）"双·成文化"的特性集萃

"双·成文化"是华模的文化创意，具有鲜明的华模特性和独特的华模个性。她具有多重的双赋义、双赋能。

双师制：学业导师、人生导师，主要围绕高中生在校的两大主题：学业和人生，旨在开启智慧学习和不凡人生的教育之旅，也是落实立德树人根本任务、担负教书育人神圣职责的要旨所在。

双师制强调，"双·成文化"强调学业导师、人生导师的"双标配"。学业导师，引导学生学会学习、智慧学习；运用学习、发展学习。人生导师，指导学生认识人生，理解生活；人生演绎、生活创造。

双结构：学业结构、人生结构，侧重学业的知识化、能力化、素养化和人生的意义性、针对性、完善性。尤其重视结构的架构，不是堆积，而是系统。

双结构强调："双·成文化"清晰学业结构、人生结构的"双全配"。学业，是学生的立身之本，结构是学业的框架，学业结构讲究尽理尽全；人生，是人的一生，结构是人生的布局，人生结构讲究尽善尽美。

双本领：驾驭自身、把握未来，重视眼前基础和未来立身，驾驭自身，其实涵盖了所有与自身发展有关的元素，把握未来，其实概括了与未来相适应有联系的要素。

双本领强调："双·成文化"精准驾驭自身、把握未来的"双优配"。自身是基础，一切尽在自己驾驭之中，驾驭是一种能力；未来是前途，一切尽在把握之中，把握是一种见识。

双发展：现在发展、未来发展，关注在校学习生活和未来离校生活，现在在校学习是积淀，是为未来打基础，而同时要关注未来的发展趋势，从而有所准备。

双发展强调："双·成文化"指向现在发展、未来发展的"双适配"。现在，是正在展开的一切，立足地基，着手发展；未来，是正在到来的一切，预备准备，着眼发展。

双前景：瞄准事业前景、生活前景，强调事业、生活两不误，建立正常、正确、正面的事业观、生活观。

双前景强调："双·成文化"瞄准事业前景、生活前景的"双匹配"。事业，是学业发展的对象，是职业发展的对象，事业成功是人生的基础；

生活,是存在发展的基石,是享受美好的沃土,生活幸福是人生的乐趣。

双成功:物化成功、价值成功,坚持唯物主义,既讲究物质基础,也重视价值判断,以实现物质和精神双丰收。

双成功强调:"双·成文化"崇尚物化成功、价值成功的"双高配"。物质是基础,物化是量标,物化成功代表物质富有;价值是高端,价值是精神,价值成功寓意精神富足。

双通制:通自己、通未来,通达对人对事,都是必要的建树。通,一通百通;通,一通万灵。能通向未来,建筑在通自己、自己通的基础上,同时要有通未来的眼界和眼光,

双通制强调:"双·成文化"坚信通自己、通未来的"双齐配"。通,贯通、弄通、全通,讲究搞清楚,通自己即了解、认知、发展自己;通未来即了解大势、弄清趋势、学会聚势。

2."双·成文化"的核心演绎

我们认为,对"双·成文化"结构解读的深入展开,须从它的基本要义及其作用入手,进行条分缕析的呈现,以期对"双·成文化"进行顶层释义,进一步理解建构"双·成文化"的缘由及立意。

(1)"双·成文化"的基本定义

所谓定义,是对所指事物的性质和特征的概括与说明。"双·成文化"作为华模的学校文化,既有一般学校文化的基本特征,也有其学校文化的专属解释。它规定了"双·成文化"的宏观立意,体现了"双·成文化"遵循的原则。

"双·成文化"的基本定义为:对准成人的基准,瞄准成才的方位,用厚重的人文打开通路;奠定成功的基础,站稳成就的基石,以无穷的能耐铸造辉煌。

"双·成文化",倡导以正确的理念引领学校超常发展,向上的价值观

激发师生昂扬斗志，进取的精神鼓舞师生赢取人生。心念成功，成人相随；心系成就，成才将至。

我们界定：

——成人成才蕴人文：成人立愿、成人之美，是学校、教师对学生的深切期盼，是学生对自己的成长期待；成才立志、成才立德，是学校、教师对学生的深情嘱咐，是学生对自己的满心牵念。人文情怀，人文精神，人文素养，人文生活，人文内涵，是学生成人成才的标配与成熟。人文情操高尚，审美情趣高雅，成人成才卓越。

——成功成就含功夫：成功向往，成就显要，是学校办学育人的衷心祝愿，是学生苦读勤学的信念寄托；成功志取，成就必得，是学校教育立人的倾力奉献，是学生幸福人生的不尽思念。成功无捷径，但成功有"功夫"；成就无坦途，但成就有"方法"。成功成就，志向当可贵，"功夫"尚须要。"功夫"，即是做人的达理，学习的透彻，能力的了得，思路的清晰，方向的把控。

一个"成"字，道出了"双·成文化"的基本寓意；一对"成"字，表明了"双·成文化"的价值立意；两双"成"字，显示了"双·成文化"的育人诚意。

"成"是教育的本义，是办学的意义，是育人的深意。有文化的"成"，是"成"的简单含义的能量放大。寓文化的"成"，"成"就学校，"成"就教师，"成"就学生。"成"所经处，皆有成功。"成"事之道，"四成"秘诀。

（2）"双·成文化"的核心术语

"双·成文化"的核心术语，是表示其特定概念称谓的集合，它反映了"双·成文化"所要表达的全部内涵及其语义呈现，精练而概括，集中而达义，清晰地体现了华模学校文化——"双·成文化"的内核表述与意义指向。

"双·成文化"的核心术语为：坚持用双向思维，在对应关系上找到成长的地基，走出发展的道路，追求简朴至明的信念；坚定成功在我的信念，坚持成就在手的执着，讲究精益求精的不懈。

"双·成文化"，坚持与时代同步的正确导向，坚持满足学生的多向个性需求，坚持以"成"为要的进取走向。

"双·成文化"注定为办学理念和培养目标保驾护航，为学校发展提供定力，为师生成长发展输送养料。

我们界定：

——双道至简：双道，"双通道""双通"的代名词。道，又是办学之道、育人之道的象征表达。把办学思想、教育理念和育人目标浓缩在双道之中，可谓学校功力之深厚，用心之良苦，愿望之殷切。

通识与通能，职业与升学，多元与个性，成长与成道，事业与发展，人生与幸福，学校的育人和学生的成长全都交与它们"操办"，灵活变通，组合发展，导师相佐，实践锻炼，以简单实在、简明有效、简洁明了的方法给予学生最隆重、最贴切、最有个性的成长，得到最有效、最合适的全面发展。

双道为通途，至简显精神。从双道出发，可以穷尽无数条成长路；以至简自约，能够演化出绚烂多彩的瑰丽人生。

双道：走得踏实、稳健、从容；行得端正、有力、超然。双道，互为倚靠，优势互补，厚积薄发，变道、弯道超车皆然。双道，回旋余地大，向前暂后方便。

至简：越是简单，其实真不简单。复杂的往往可以简化，简单的却能演绎出复杂与宏伟，是深思熟虑的成熟，是打开即为能量无穷的释放。

——成势求精：顺着生长的势头，企求办学理念的精致；乘着发展的态势，追随教育创新的精美；和着成长的节奏，打造育人成就的精彩。

把成势做成极致：发展学校和师生的成就气势，把握学校和师生的成长运势，驾驭学校和师生的成才优势，培植学校和师生的成就长势。

把求精练成完美：用求精的态度参与师生成长过程，用求精的精神叩开师生成才大门，用求精的神韵对接师生成功愿景，用求精的念想迎接师生成就向往。

成势：应顺应规律，借势运势，方能成事。看清方向，顺势而为，势在必得。

求精：遇事考虑周详，做事要求精细，成事应当精达。办学、办教育，不可谓不精，百年大计，育人为本。

（3）"双·成文化"的特色育人

运用学校成熟的办学特色，以学校文化的价值赋能，开展学生培养，实施育人工程。特色育人是实现立德树人根本任务的有效措施，是贯彻"五育"并举方针的有力手段，是落实全面发展核心素养培育的有益途径。

人文素养厚实下的"双·成"文化的特质：

懂得文化的价值：人文底蕴。

了解文明的渊源：人文积淀。

欣赏文儒的格调：人文演绎。

明白文道的遵循：人文品位。

工具驾驭见长中的"双·成"文化的特质：

谙熟思想的引领：思想工具。

通识技术的要领：技术工具。

跟踪方式的走向：载体工具。

掌握成事的利器：随时工具。

概括为：人文素养厚实，工具驾驭见长。

——人文素养厚实：以丰厚的人文素养，为学生成长奠基；以深厚的人文内涵，为学生发展筑底；以宽厚的人文情怀，为学生立身导航；以深沉的人文精神，为学生立世引路。

人文素养，新时代公民的LOGO，融入社会展示自己形象的通行证。人文素养是一个人的修养品行、知书达理的集中反映，是居于基础地位的素养表现。人文素养既是学生培养目标中不可忽视的重要内容，也是学校教育理念的崇高追求。

——工具驾驭见长：以对技能的娴熟，撬动人生命运的安排；以对器具的掌控，把握成长道路的方向；以对职业的喜爱，换取人生幸福的钥匙；以对技术把玩的兴趣，走进职业发展的殿堂。

对于华模办学模式来说，一部分学生的职业发展方向，从本质上说是尊重、关爱学生生命的体现，使这部分学生能够根据自身的条件选择适合自身发展、凭一技之长服务社会成就自我。工作不分优劣，职业没有高低，只有合适的才是最好的。在不同的发展轨迹上，同样能够成人成才、成功成就。

3."双·成文化"的精粹要义

作为学校文化范畴，"双·成文化"有着文化所具有的深刻要义、丰富内涵。"双·成文化"作为学校文化的唯一，有着特定的认从、特殊的解释，是建设"双·成文化"在高位上认识的本质要求。

"双·成文化"的总体文化结构组成如下图所示：

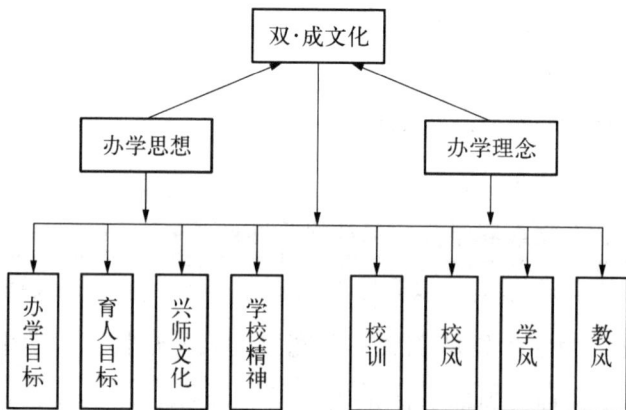

图示内容表示，办学思想、办学理念居于"双·成文化"构建外延体系的核心层域，对"双·成文化"产生影响，同时其主要通过"双·成文化"对办学目标、育人目标、兴师文化、学校精神、学校形象和校训、校风、学风、教风发生作用，而九项子文化共同组成了"双·成文化"的总体文化，"双·成文化"主要通过这些子文化来表现，集中体现了"双·成文化"的核心价值。

（1）办学思想

对标：坚决依据国家法律法规，坚持奉行科学发展观，坚定遵循教育规律，努力体现中国特色、上海特征、静安特点，落实静安区域"国际化"、教育"精品化"、培育"个性化"的时代要求，将学校办成静安区素质教育的最佳实验学校、上海市高中示范性的特色模范学校。

对路：以立德树人为根本，以"双·成文化"为引领，坚持全面综合立体发展，培养学生成为人文素养厚实、驾驭工具见长，具有生存能力、生活本领，缔造学业扎实、事业有望的通自己、通未来的适应型、复合型、发展型人才，为幸福人生奠基开路。

概括为：铺设成人之道，开通成才之路。

——铺设成人之道：为学生铺就成长"红毯"，是学校虔诚的心愿；领学生在"红毯"上舞步，是教师成人的诚愿；让学生走出"红毯"迈向社会，是育人成就的宏愿。成人之道铺设只有起始没有尽头，一直伴随学生走向远方。

铺设：教育之主动行为，学校之责任担当。铺设，视需要设计，视实情施工，视现场改进，视发展换代，一条龙服务，一站式解决，把最好、最合适的呈现给学生。

——开通成才之路：成才之路四通八达，要看开通匠心帷幄；成才方式各有不同，试看谁合适谁就走远；成才路径学校铺就，各就各位最好选择；成才就在跟前，驾轻就熟一骑绝尘。"双通道""双通"教育，为学生成才提供创造梦想之境，实现梦想之路。

开通：教育之理念崇尚，办学之教学信奉。开通思路，开启方法，开辟途径，开设课程，开发创意。尽学校之能耐，竭教育之方法，为学生搭建通往个性成长的桥梁。开通切忌发生短路，阻塞通道。开通，是开放式的通路，是可选择性的通路。开通之路，连接人生幸福。

（2）办学理念

遵循"以人为本"的教育思想，立足学生的健康成长；遵照"开发为途"的教育策略，驱动学生的内在动力；遵守"辩证思维"的教育逻辑，培育学生的全面能力；遵从"能量转换"的教育法则，成就学生的正向走势。

概括为：开发潜能，发展通能，智造正能。

——开发潜能：发掘全体学生的学习潜力，发现不同学生的学习潜力，发展有需求学生的学习潜力，是学校办学的正义要求，学校教育的正当行为，学校育人的正直作为。

潜能：潜在的能力、能量。潜能须被发现，教育的任务是善于发现学生的潜力，让学生潜力喷涌是学校教育的成功。

——发展通能：为学生增长学识通能竭尽全力；为学生学习成长通能提供活力；为学生发展成才通能给予能量；为学生拥有成功通能赋予智慧；为学生历练成就通能赐了胆量。

通能：当使全体学生都须具备的通用能力。通能是基础能力，是衡量学校教育的"广谱性"标志之一。通能要喂饱，发展有后劲。

智造正能：教会学生用智慧的力量创造正直，获得成长能量；教导学生用知识的魅力塑造正义，获取成才的动能；教诲学生用智力的功效缔造正路，取得成功台阶；教授学生用智勇的方法赢取正当，得到成就的能耐。

正能：能使学生健康成长的能量、能力。潜力的开发、通能的发展，最后应该指向正能的拥有。从华模走出的学生，不管经过哪个通道，都应该充满了正能量，获得了继续人生成长所需的能量。

（3）办学目标

依据上海高、初中综合素质教育和综合评价改革，以"双·成文化"引领，致力于普通完中学生基于通识和通能的未来教育研究与实践，努力将学校建设成以"双·成"为目标，以"双通"为特色的上海市高中示范性的特色模范学校、静安区素质教育的最佳实验学校。

概括为：承上启下，传承创新，与时俱进。

——承上启下：传承革命先烈心怀天下、济世达人的崇高品质，开启现代教育服务社会、成就学生的办学历程；继承历代"华模人"以教育立志、以爱奉献的育办学情怀，开创当今学校谱写"双通"教育、坚守普通完中教育的办学辉煌；接棒过往学校取得的办学成就、教育辟新，传出现今学校勇立潮头、敢当先锋的出色接力棒。

承上和传承，是对历史的尊重，对前人付出的敬重，是今人办学从教的应有态度。承上不必拘泥，传承无须刻板。目的是为我所用，发扬光大，在传统的果树上开出新的花朵，结出新的果实。

——传承创新：对学校的优良传统，心怀敬意；对学校的历史积淀，心生感恩；对学校的勇敢探索，心有虔诚。对优良传统最诚恳的敬意，是对她的创新；对历史积淀最诚挚的感恩，是对她的翻新；对勇敢探索最笃信的虔诚，是以她的履新。

与时俱进：与时代的步伐对齐，跟上发展节奏；向先进的理念看齐，站在一线方阵；与一流的思想合拍，成为引领旗手。

创新是学校的生命，发展的动力。无创新不办学校，无创意不搞教育。创新止息，学校发展一潭死水。创新无止境，但创新有内蕴、有底气、有方向，应创而成新，创而成功，创而成就。

与时俱进，是创新发展的永恒命题，是学校永不停止、永不停步地追随时代发展潮流的优秀品质。

（4）育人目标

根据社会发展需求，针对学生发展现实，通过"三能"理念的落实、"双通"教育的实践，把学生培养成具有国家意识、国际视野、自信善学、辩证质疑和身心健康的优秀毕业生，为学生成为具有深厚的人文情怀、宽厚的通识通能、雄厚的技术储备的各类人才奠定基础。

概括为：夯实基础，厚重素养，驾驭见长。

——夯实基础：夯实学习基础，充实能力基体，结实成长基石，严实成才基准。基础牢靠，成长顺当；基础稳固，成才有望；基础扎实，成功在前；基础雄厚，成就随行。

基础：位置处于底层，对于重心、张力却有巨大作用。重视基础，就是重视质量；正视基础，就是正视发展。基础决定向上发展能级，基础代表整体质量水平。学校给学生以什么样的基础，也就看到了学生将来的潜力。为学生，为学生的将来，抓基础，厚基础。

——厚重素养：学生成长，素养为重；学生发展，素养为要；学生成才，素养领衔；学生成功，素养作用；学生成就，素养出色。素养是学识、能力、修养、审美、情感等诸多要素的合成体。核心素养，当是学生重点发展的必备素养。但是，其他良好素养也不可或缺，诚为当代青年学生的"时尚"衬映。

素养：素养，是一种内涵，很难被伪装。在人的成长中，素养起着重要作用。落实素养培养，并非空穴来风。从学生时代抓素养，正当时。

——驾驭见长：对于学生，首要的是能够对通用知识的驾驭，还有对通用能力的驾驭；对于"双通道"中的另一部分学生来说，需要的是对使用技术技能的驾驭，对作业流程的熟悉与驾驭；对于全体学生，更须掌握对驾驭人生的方法、驾驭成长的耐心、驾驭希望的梦想。

见长：就是有专长，有优势，有实力。在驾驭中获得把握现在和走向未来的能耐。

（5）兴师文化

以"双·成文化"作为教师专业发展的着眼点，促进教师观念更新和专业素养的提升。以"双师制"为抓手，建设基于"双通"教育、适合学校发展特点的教师队伍，形成面向全员的阶梯式教师专业化发展体系，加强特色教师群建设和个性化培养，鼓励高端教师自成学术风范，使更多教师能适应高考改革背景下的"通能"教育，并努力成为相关领域的专家型教师。

概括为：专长提升，视野拓宽，能力超众。

——专长提升：学校办学模式、教育模式的探索实践，为教师专业及其特长发展提供了理论学习和实践探究的空间；学生在多元个性化的教育教学理念实施的受益中促进了教师专业和特长的发展；学校的"双师制"模式、培训、队伍建设等的有力措施，为教师专业和特长的提升提供了制度保证。

专长：教师的看家本领，学校的办学资源，学校的育人水准。教师专长从实践中得来，在历练中提升，在使用中发展，在培养中巩固。

——视野拓宽：在学校融入上海教育综合改革的大背景中，教师拓宽的是与国际先进教育理念接轨的国际视野；是与上海教育综改与发展要求相衔接的创新视野；是与超越自我、激励上进精神相融合的进取视野；是与立德树人、培根铸魂的培养目标相适应的育人视野。

视野：教师的眼光。视野宽广与否，反映了教师的教育教学视角、视点的宽窄、深浅。要创造条件，让教师主动去看、去想。看多了，想法也就多了。

——能力超众：在"双师制"的教育模式中，练就了非凡的课程化解能力；在多元个性化的教育实践中，锻炼了卓越的课程育人能力；在经历学校教改、模式探索、外向交流、同行学习中，提升了课程发展能力。

能力：教师的从教要求。能力与知识相关，更与实际锻炼有关。对教师来说，应是综合能力的要求，并非单一能力的超众替代综合能力的薄弱。保持长项，补齐短板。

（6）学校精神

学校精神，是全体师生共同具有的内心信念、思想境界和理想追求，是学校的核心价值观。打造、提炼学校精神，是"双·成文化"的重要任务，更是"双·成文化"内涵的重要体现。

学校精神以励志为主导，以智慧为引导，主张谋之有勇，战之能胜，胜之有方。

学校精神以"双·成文化"统领，归纳学校办学以来的文化积淀，是师生成长中的精神支柱。

概括为：志在必得，成在生智。

——志在必得：让华模的教育理念发扬光大，力争处于教育改革探索前沿地带；让华模的办学特色铸成品牌，镌刻在区域街头、百姓心头永葆先进；让华模的雄心壮志再度出发，光耀学校惠及师生再创业内领先佳绩。

志：学校不可无志，师生不可缺志。志是做事成事的底气骨气傲气。志向越大，成就越高。有志必得，此乃气概，更为精神。

成在生智：让成人的愿望在智慧传递中从容炼成；让成才的愿景在智力角逐中获得胜利；让成功的喜悦在智识辅佐中款款到来；让成就的幸福在智能邀约下如期而至。

智：与慧同在，与能同存。智是娴熟规律、洞察局势、扬长避短、审时度势、与时俱进的综合运用。办学，其实就是斗智斗勇的角力。

（7）学校形象

学校形象，是引起校内外人们注目、思考、想象的具体形态或姿态，多以校园风貌、形象设计、宣传资料等进行展示，师生员工集体精神面貌及个人学术品德修养也是人们了解学校的一个窗口。

学校形象以勇敢著称，以创新闻名，以儒雅示范。

学校办学的创新精神和"双通"教育的具象精神及其人格化的教育教学特色，成为华东模范中学的典型形象。学校形象在区域影响和百姓心中，多以认同和口碑留存。

概括为：敢为人先，儒雅模范。

——敢为人先：敢于做前人没有做过的事，善于自我加压、突破自己，永远在出发路上。

一个"敢"字，道出了学校办学者的教育创优勇力，教师的育人创新胆识，学生的潜心学习才气。敢是为了争先，争先是为了把最好的教育呈现给学生。理念正确，成效不期自来。

——儒雅模范：给人榜样，在办学创新中不失儒雅风范笑傲业界；给人典范，在重塑学校辉煌中以优雅姿势博取赞许；给人表率，在办好百姓满意教育中以儒韵气质展示风姿。

儒雅，教育的身姿，教师的形象，学校的宣言。在教育改革的大潮中，在提供优质"产品"的过程中，仍保持儒雅本色，显示典雅形象，是学校成竹在胸、气定神闲的优雅写照。

模范，既然为校名专属，就应该有模范的派头，示范的气魄。的确，学校一直在模范，不停在示范。模范，不愧于学校的称号。

（8）校训

校训，是"双·成文化"价值的重要呈现，是全校师生共同遵守的价值信条和基本行为准则。校训为"双·成文化"的传播提供精神动力，为"双·成文化"信念镌刻在师生心中并被带向远方，为向社会昭示学校办学理念及其文化价值，承担当仁不让的职责。

通，致力于有前程、有前景，致力于通自己、通未来；达，志向于达到目标、达到境界，实现于达心意、达远方。

概括为：通、达。

——通：通晓常理，让通识成为帮助师生成长的助手；通练常能，让通能成为帮助师生发展的伙伴；通彻机理，让通理成为进阶人生幸福的赢家；通明习道，让通道成为帮助师生参悟事理的长者。

通：打通，教育就是在一段一段地打通能量转换的关节。通，一通百通。通，对"华模"有着特殊情结，靠着"通"，让学生通向美好未来。

——达：让达观的心态常驻师生的心田；让旷达的胸襟接纳奇思异想；让练达的风格铸造师生的秉性；让宏达的渊博提携师生的成长。

达：达成，教育就是达成目标，让不可能成为可能。达，有通路到达，要人为努力。一起达，才是达的意愿。达成了，也成了。

（9）校风

校风，是学校的风气和所秉持的风尚，是全体师生所恪守的行为操守和展露的精神面貌。校风因"成"念而淳朴，因"成"理而温馨。华模的校风，带着"双·成"的基因，吹拂着校园，与师生絮语，为幸福送达。

守正有双全，实干皆有成。

概括为：正、实。

——正：正直正义，让正的风气充满校园；正当正向，让正的理由填满校园；正本正源，让正的清流溢满校园。

正：方正，刚正，在中国文化语境中，有特殊的解读和理解，为国人推崇，为世人标榜。端得正，才行得远。办学如此，为人亦如此。

——实：求实真实，让实的作风布满校园；实在朴实，让实的干练铭刻校园；实效实才，让实的追求崇尚校园。

实：实际、实干、务实。事是干出来的，是一步一个脚印走出来的。崇实，应当成为全校师生为人做事的行为准则。

（10）学风

所谓学风，表现为学校师生在治学精神、态度及治学方法等方面的主张，是全体师生的知、情、意、行在学习上的追求。学风是"双·成文化"的重要构成，是学校风气的主要表现，是办学质量的重要体现。学风不仅包括学生方面，而且还包括教师方面，包含学校整体的学习风尚。

华模的学风是办学理念和"双·成文化"浸染下的学习风气、学习风尚，有着"成"尚的成美特性和成长品格，为师生养成优良学风提供了有力保障。

钻石成习惯，领悟成日常。

概括为：钻、悟。

——钻：钻研教材，钻研课程，钻研课堂，钻研教法，钻研理念，钻研科研，钻研学生，钻研自我，是教师钻的系列组合；锲而不舍，是教师钻的功力。学习有钻劲，问题有钻劲，活动有钻劲，思辨有钻劲，人生有钻劲，成长有钻劲，合作有钻研，是学生钻的配套组成。穷钻，是学生学习上进的法宝；韧劲，是学生成长不辍的推手。

钻：对学习而言，要深钻、弄懂，学习才有效果。钻，是务实的风气，世上没有任何东西可以轻松得来的。延伸开去，做任何事情也都要有钻的劲头。

——悟：悟懂事理，悟透方法，悟明规律，悟彻人生，是师生学习任何东西的悟性要诀。

悟：大多表现为心理感应的范畴。悟，是钻研后的觉悟、思索后的顿悟。得来全不费功夫，功夫已在历练中。她告诉我们，好的学风是悟出来的。

（11）教风

所谓教风，表现为学校在教学精神、态度、作风及教学方法等方面倡导的风气，是学校教师在品德、才学、素养、治教等方面的标尺。

教风对学校文化的成色起着重大作用，好的教风是学校的一抹亮色。

注重教风建设，铸造教师队伍，以良好的教师风貌带动学校发展，影响学生成长。

华模的教风是"双·成文化"价值主导的教师风尚、教学风气，内蕴"双·成"信念，外含"双·成"亲切，是思想的活化、爱心的凝聚、修养的表露、业务的精进。

教精于精，术成于活。

概括为：精、活。

——精：精于专业，精通业务，是教师从教立身的职业要求；精于育人，精湛榜样，是教师善意流露的大爱表达；精于修身，精彩生活，是教师雅致情趣的魅力使然。

精：源于教师的责任重大，从事的是百年大计工程，让工程精致完美，须有精的手艺、精的诚意、精的成套。

——活：使教材活起来，让育人亮起来；使课堂活起来，让风趣亮出来；使才华活起来，让魅力亮出来。

活：活力，灵活，活跃，教师工作是活的运用。活，是化解出新意的艺术，教授的知识活了，学生才能有接受的意愿。把呆板的变成活的、让枯燥的变成有意思的，乃教师的活法。

（二）"双·成文化"结构的灵性呈现

我们认为，"双·成文化"由表现为学校主要工作方面的内容所组成，形成比较完整的结构形式。这一结构中的各个相应的文化表达，是反映"双·成文化"价值在其层次上的映射。

1."双·成文化"延伸的科学定位

准确界定各相应具体文化的科学含义、内涵特点，是理解"双·成文化"的重要方面，也是搭建相应具体文化框架、给予实施功能意义的必要步骤。

"双·成文化"的具体文化内容框架图示如下：

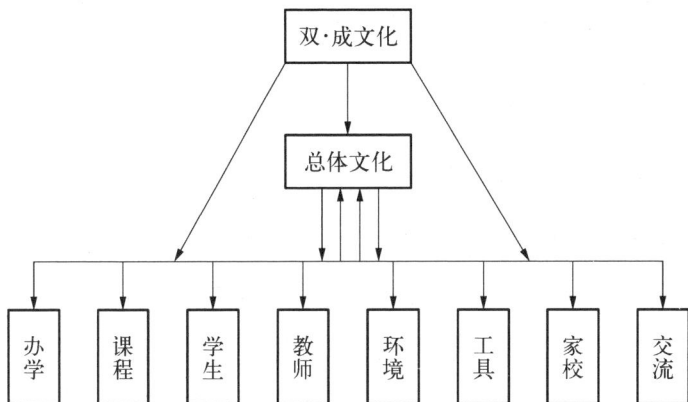

从上图可以看出，在"双·成文化"统领下，有八个具体文化组成，它们基本涵盖了学校办学主要方面和主要工作领域，是"双·成文化"渗透学校各项工作、形成文化合力的主要体现。总体文化与具体文化的关系是互相影响的关系。

（1）办学文化

办学文化，是学校在办学中形成并确立的价值观念、共同愿景、精神风貌，是学校居于顶端的上位文化，是学校办学思想、教育理念在学校文化上的反映。

"双·成文化"源于办学探索与实践，成于对办学经验与成果积累的总结与提炼。

概括为：规范严谨，创新优质。

——规范严谨：华模发展至今，都是规范严谨的作风和遵纪守法的原则在护佑，坚持社会主义办学方向，坚持立德树人根本要求。在国家法律法规政策框架下，规范办学，严谨做事。规范必然要求严谨，严谨必定成就规范。

规范：规范办学，天经地义；规矩施教，不可逾矩。规范办学是"华模"生存的基础，发展的前提。

严谨：体现在严格把关发展方向、严苛要求工作质量、严正维系工作作风、严明伸张工作纪律；谨守学校办学理念、谨慎对待工作环节、谨防出现工作失误。严字当头，谨字全程，不犯晕。

——创新优质：华模走到现今，全是仰仗创新发展的强烈意识及其敢于试水、敢于成功的胆略与气魄，开创了优质教育的办学历程。创新意识尤为重要，创新实践诚为勇敢。创新是学校优质发展的不竭动力。创新可能失败，但不创新不可能发展。在创新机制下，让优质更优。

创新：求变是创新的动力，尝试是创新的行动。不满足现状，改变现状，渴望发展，永远是创新的品质。创新，学校生机勃勃，潜力无穷。

优质：是教育的追求，学校的企求。优质，是由具体各项工作细节的优质叠加组成，从而成就学校教育的整体优质。优质是一流学校的代名词，创一流，从创优质开始。

（2）课程文化

所谓课程文化，表现为学校提供给在校学生得以获取知、情、意、行的教化，以及学习经历等一切活动的文化营养，是师生在课程实施、课程教学、课程学习中所呈现的共识。课程文化，在一定程度上，是学校长期积累的办学特色和师生共同发展所凝聚的价值。

"双·成文化"给予课程文化以智和能的获取与转换的能量，给予"通能"教育以内涵深化和价值赋能的增量。

概括为：点化开智，转识成能。

——点化开智：用启发引导的方式，开启学生认知的智慧，点燃渴望学习渴望增长智慧的火花；用启迪开导的手段，打开学生遐想的空间，让学生在知识天空里遨游；用启示譬喻的方法，点化课程知识表达和育人寓意，让学生在学习和做人上获得双成功。

点化：以启为导，用启引思，才能点到好处。教师的化，才是见功力的所在。点的开启，要经化的转换，成为学生能够理解、掌握的知识，再到发散的想象，更是化的"化缘"。

开智：要点在开，设法打开、打通由知识到智慧的转换路径。课堂教学，要尊重学生，广征博引，寓教于化，创设情景，共情投入，开智就会不期而至。

——转识成能：把书本知识转化成能解决实际问题的能力，转化能拓展知识生成新的知识的能力，转化能练就成人成才、成功成就的能力。

转识：改变知识简单叠加的认知方式，把知识应用变活，知识拓展变宽，是学习知识的重要体现。

成能：当知识转化为能力时，知识才是有用的。在知识与能力之间搭建转化的桥梁，是教师的匠心所在。改变重知轻能，转向重知重能，趋向重知成能。

（3）学生文化

学生文化，是学生在学校学习、活动参与、与人相处过程中所形成的价值观念和行为方式。学生文化是"双·成文化"中指向集中的体现学生主体地位的重要组成。

"双·成文化"的"成"，是体现学生关系、反映学生价值观念的核心指向，决定了学生文化的价值走向。

概括为：诚以合群，善以共处。

——诚以合群：以真诚的姿态与同学相处，以心换心，将心比心；用诚意的愿望与群体共处，以真换情，以诚交心；用诚恳的意愿与教师同处，学师效师，携手同进。

诚以：用真诚来立身、用诚意来待人。诚信，立人之本；真诚，为人之道。之于学生，当为首要。

合群：合群，是愿意与他人与群体在一起的倾向。只有在群体中，才有个体发展的环境，才有个体存在的价值。让学生在融洽的群体中得到共同成长、和谐发展。

——善以共处：善于与同学和同学群体共同相处，在和睦共处中互相学习、交流提高；善于主动融入集体之中，使自己成为集体中的一员，与集体荣辱与共。

善以：用善良来立品、用善意来处世。善良、善意，是学生的道德品质和为人修养，与人交往的和善名片。以一份善意，换取加倍友情。

共处：是学生在学校相处的基本、共通的方式。学会共处、善于共处，使学生全身心地融入共处的集体中，享受共处的快乐，体验共处的氛围，获取共处的智慧。

（4）教师文化

教师文化，是教师在长期的教育教学过程中形成的价值观念与行为方式，它是教师之间互相关系、教育教学理念、"双·成文化"认同、学校发展定位等的集合体。教师文化对学校办学理念贯彻、发展愿景实现、育人任务完成具有举足轻重的影响。

"双·成文化"的"成"的立意，为教师专业发展和职业幸福提供了强有力的价值共享和愿景保障。

概括为：师正垂范，精业艺高。

——师正垂范：用正派的师风、正直的师道、正向的师德垂示学生，是教师言传身教的无声宣言；用榜样的力量、模范的感召范例学生、感染学生，是教师上行下效的自觉示范。

师正：为师须正，行师要直。正，有政治思想的要求，也有道德修养的自律。师正才能正学生。

垂范：要求学生做到，首先教师自己先做到。教师的榜样作用非常明显，往往被学生学习、效仿，影响之大，胜过书本。自觉垂范，不仅是自律，更是为学生。

——精业艺高：教师业务能力、专业水平的精湛，为的是育人效果的精当、教学质量的精致；教师教学才艺高超、表现能力超群，为的是学生成长的精良、学生成才的精美。

精业：教师的业，亟须用精，教给学生，先满自己。教师发展，首看德行，重在业精。业精，支撑教师成长；精业，体现教师成就。

艺高：教师教学艺术、育人艺术的统称。艺高人胆大，可揽育人活。艺高是才气，更是师德的底蕴。才艺高超的教师，教育及育人效果出色。

（5）环境文化

环境文化，是"双·成文化"的外在形态。环境文化给人以直接的视觉感受，是人们感知"双·成文化"的第一道"风景"，在营造文化氛围、熏陶师生情感中起着重要作用。

概括为：能为风景，通为路径。

——能为风景：教师的才能，学生的勤能，在校园中构筑成一道亮丽的人文风景；办学特色的功能，教育理念的效能，衬映在校园环境的景观中、空间上、设施间。能成事，能成长，能成才，能成功，能成就，是学校最好的风景、最优的环境。

能，学校办学特色，为学生赋能，为成长送能，为成才达能。能，校园环境标志，一草一树，一砖一瓦，一亭一阁，一楼一房，一路一道，都是能量的释放、通能的载体。

——通为路径：通识的甘露，飘洒在校园的石径上，把莘莘学子送往通向理想的处所；通能的春风，吹拂在校园的角角落落，让心想事成的学生走向通向人生幸福的方位。走在小径，通向成才的大道；抚摸花树，通感成长的气息。

通，方法，途径，手段，用在校园环境上，体现理念与景物的通联、特色与布置的通融、价值与师生的通晓。

（6）工具文化

工具文化，是华模"双·成文化"引领下的特色文化，是"双通"教育理念及其模式的文化表达。工具文化旨在通过工具的学习运用达到人生道路选择、职业方向的选定，为学生多元个性发展提供愿景展望。

概括为：善用智化，产能添术。

——善用智化：用先进的方法、技术指导学生学习技术技能，以适应职业教育要求；用智能的设施、手段加成学生掌握现代前沿知识技能，以装备职业发展潜能。

智化，智能，现代技能发展方向。用智化的手段训练培养有智能知识和能力的学生，是通能的到位。

——产能添术：学习职业技能，增强技术储备，为学生提供职业发展的前期准备；练习职业技能，掌握技术手段，为学生增添职业前景的信心期待。

能和术，是综合和具体的结合，方法与工具的相融。从术上升到能，再从能反哺术的精致，是通能的深意。

（7）家校文化

家校文化，是学校与学生家长在共同培育学生过程中形成的育人价值观及其育人方式方法，达成认识上的相同、操作中的理解、过程中的配合，是"双·成文化"向家庭教育的延伸。

家校合育是家校文化的重要载体，寻求家校教育的优势互补，通过有机合理的整合，为学生营造从学校到家庭的网格化教育氛围，有利于现代学校制度建立，有利于社会和谐和生活幸福。

概括为：校范家导，同心协力。

——校范家导：家校文化中，学校起主导作用、示范作用，把学校育人理念、文化价值向学生家庭传导，形成家校合作育人的共识、学生成长理念及其方式的认知观和价值观，取得合力相向效果。

鼓励家长为学校教育建言献策，运用家长资源提升办学实力，利用家长优势关心学生成长，是家导的主要方面。

——同心协力：同心协力，在对待学生教育的理念、方式上，取得观念一致、方法一致、目标一致，做到责任共担、理念共享。

开放办学，首先是完善家校合作机制，建立家校合作渠道，形成家校合作文化。在共同教育价值观主导下，育人效果事半功倍，办学质量稳步提升。

（8）交流文化

交流文化，是聚焦取长补短、优势互补、提升优质教育和办学水平的价值理念与行为方式，是"双·成文化"崇尚的开放办学的有效形式。交流是理念的互补、文化的借鉴、方法的学习。学校在交流中提高，在交流中发展，在交流中领先。

概括为：文明互鉴，中西合璧。

——文明互鉴：学习对提升自己有益的理念、观点、方法、措施，把人家好的、精华的东西学到，通过消化吸收，提升自己办学水平，丰富办学特色。

互鉴：中外教育优势互补，抑己之短，扬己之长。

——中西合璧：把中外的优势教育理念、文化价值、办学特色进行杂交嫁接，在保持中华优秀传统文化和学校特色的基础上，融合发展成新的理念和特色。

合璧：融合中外先进教育思想、理念，通过交流，发现新意、弘扬新生、赞扬新鲜，为自己注入旺盛生命力。

2."双·成文化"实施的系统保障

"双·成文化"的有效实施，需要从行政、师资等方面，举全校之力予以支持配套，在学校内部形成闭环管理、无缝衔接、环环相扣，使

"双·成文化"取得效果最大化。

（1）"双·成文化"的管理思路

"双·成文化"的管理，对其构建初衷和实施效果有着很大关系。管理出思路，管理出效益，管理促发展。

一是目标向导。

明晰"双·成文化"构建的目的意义，从而确立"双·成文化"建设及其管理的目标、愿景，在实施中并不是简单地用"双·成文化"替代具体工作，也不是具体工作代入"双·成文化"。

"双·成文化"的实施，一定是工作体现价值，氛围充满精神，师生载着愿景，向挖掘内涵优质要潜力，把学校"双通"教育办学特色做大做强。

二是价值引导。

发挥价值引力作用，用"双·成文化"的价值观激励师生，引导师生为实现"双·成"而努力工作、发奋学习；勉励师生为实现人生幸福目标和人生奋斗价值而奉献力量。

"双·成文化"的贯彻，必定是师生凝聚、观念认同、工作相协、岗位奉献的氛围呈现。

三是发展开导。

发展是永恒的旋律，只有发展着，才是新鲜的、有活力的。与时俱进是"双·成文化"的优秀品质。"双·成文化"与学校办学特色、教育理念创新一起，相协发展，保持状态。

（2）"双·成文化"的校本课程

文化理念的灌输，价值观念的形成，不仅要有常见的组织形式加以落实，而且还应发挥学校教育优势，用校本课程的方式予以宣传、教育，收到应有效果。

一是特色集成。

"双·成文化"应打造自己的校本课程，编制富有华模办学特色气息的校本教材及其读本，充分体现"双·成文化"倡导的价值与精神，反映学生向往的"双·成"愿景。

二是系列成套。

校本课程是一个体现"双·成文化"价值与内涵的系统工程，是学校办学特色和教育理念的文化浓缩，从特色介绍、理念解读、"双·成"初探、"双·成"进阶、励志故事等，形成体系框架、系列种类、单本读物。应通盘策划，分批实施。

三是注重成长。

校本课程及其教材读物，应注重成长性、趣味性、科普性、鉴赏性、审美性，通俗中见道理，趣味中长知识，鉴赏中增才干，审美中获成长。

（3）"双·成文化"的特色活动

"双·成文化"必须有特色活动为学生成长支撑，通过特色活动开展加深"双·成文化"渗透。

一是"双·成"擂台系列。

内容有成长比拼、成才角逐、成功体验、成就分享等学生喜闻乐见的活动。

二是社会实践系列。

内容可以是军训、考察、志愿者服务等。

三是研究探索系列。

内容有拓展活动、研究性课题、研究型课程等，与学习内容相关，与成长经历相连，与锻炼思维增长"双通"相成。

上述特色活动，形式上可以是学校组织的指导活动、学校指导下的学生自主活动、学生间合作的集体活动。

（4）"双·成文化"的师资匹配

学校师资结构与要求，反映了办学质量倾向的要求，也体现出学校对师资队伍建设的重视程度。

一是"双师型"导师。

"双·成文化"背景下的学业导师、人生导师，是华模"导师制""导师合作制"在内容上的规定和拓展，对学生来说是成长中获得正能量的两个能源。因此，学校要引导教师成熟、胜任两种导师的角色，并对两种角色的职责、任务、指标等要素进行规划和设计，形成文本化的引导文件。

二是"双师制"教师。

"双·成文化"背景下的"导师制""导师合作制"仍然有着极大的发展空间，既要在内容上"合作"，也要在组织上"合作"。能胜任的教师可双肩挑，特长突出的教师也可有所侧重，发挥专长优势，形成专家型导师。

三是社会兼职教师。

导师，是一个大概念，这支队伍可以内外结合、上下联动。要立足校内，以发挥现有在编的教师的育人功能为主，承担学业、人生导师的主要责任。

同时，从社会上广泛招募对学生成人成才有益、成功成就有利的兼职导师，可以是高校、研究院的教授、学者，也可以是企业、事业单位的成功人士，还可以是各有专长的学生家长志愿者，更可以是杰出或平凡的校友，甚至可以是学生中富有特长的佼佼者。反正，能成为榜样的都有可能成为导师。

导师，也可以采用任期制、项目制，设"阶段导师""专业导师""特定导师"等不同时间、地点、内容的"岗位导师"。

3."双·成文化""两新"背景走向

"双·成文化"方略的研制，是学校站在三个12年探索的历程中重新出发的标志，也是面对当前高中实施新课程、使用新教材的格局的主动作为。

高中新课程新教材的实施，不仅是面对高考新政，而且是为了转变育人方式，实现高质量的教育。对学校而言，这是一次挑战，也是一种机遇。

实施新课程，使用新教材，至少可以看到这样的办学方向和育人趋势：

一是强调学校的立德树人的功能，强化为党育人、为国育才的意识；

二是强调学校的课程建设的优化，坚持"五育"并举、素质育人的导向；

三是强调学校的师资水平的匹配，坚守教书育人、过程育人的底线；

四是强调育人的目标要求的精准，坚持全面发展、个性发展的统一。

"双·成文化"方略的架构，为实施新课程、使用新教材建立了思想指引、原则指向。

（1）学校新一轮发展的追求：在"贯通"上求"双成"

在"双通道""双通"教育的基础上，必须贯穿"贯通"思路。

要以贯通的思想，统领学校的品质发展，力求在贯通上进一步，主要是：

——在办学上"一盘棋"贯通。以办人民满意的教育和家门口的好学校为大局，以提高办学规格、提升办学质量为抓手，实现优质学校的可持续发展。

——在育人上"全程化"贯通。以立德树人为根本，注重"为学生终身发展奠基"的基础教育和"个性化"的全面教育。

——在课程上"综合化"贯通。以课程育人为指针，从时代需求和学生长远发展出发，注重课程的融合和跨学科联系，帮助学生拓宽课程视野，提升综合能力。

——在技术上"全息化"贯通。以现代信息技术为驱动，注重对信息技术的运用和转化，借助人工智能和大数据，注重教育与技术的融合、教学与技术的配合，实现精准育人和课程教学的提质增能。

概括为：跃上台阶，贯通见长，品质取胜。

（2）教师高一层发展的目标：在"拓展"上求"双成"

教师专业发展不仅是学校整体发展的基础，也是教师个体成长的历程，面对新形势和新任务，教师必须不断更新知识，不断增长技能，在专业发展上不断拓展，主要包括以下三个方面：

——教师要有夯实专业的拓展自觉。现代教师，不仅在本学科的知识层面上有牢固的专业基础，还要有本学科的发展层面上的前瞻视野。同时，更新观念，专业，不仅指学科，还指育人，要在学科教学与育人成才上得到拓展的认知。

——教师要有横跨专业的拓宽视野。现代教师，必须对跨学科的概念有一个基本的认识，当今学科发展正出现学科联系、学科互补、学科叠加的新趋势。教师具备横跨学科的拓宽视野，不是选项，而是唯一选择。

——教师要有驾驭技术的拓展才艺。现代教师，光靠老把式显然是不够的，在教育与技术融合的今天，线下线上教学交替出现时，教师必须是传统教学的行家，也必须成为新式教学的能手。

概括为：智攀阶梯，丰满专长，成就有为。

（3）学生宽一层成长的期望：在"多元"上求"双成"

学生，是学校的生命，也是教育的主体。学生成长，是将教育势能转化为教育动能的最终标的。面对不断变化的形势，学生必须在共性发展的基础上，实现宽一层的发展，以增强适应性，主要包括以下三个方面：

——学生要有"适应性"的思维能力。教育，不是为了教育而教育，而是为了培育适应未来社会的有用之人。教给一个"知识宝藏"，不如教给一个"聪明头脑"。学生应当在学校教育中，获得一个能"开动"的头脑。

——学生要有"适应性"的情绪驾驭。现代社会的变化节奏无法预料，且变幻莫测。不论是眼下生活，还是未来挑战，学生的身心和谐发展尤为重要。学生，要有现在的成长空间，也要为未来的发展时空留有灵动空间。情感的富有，将是应对未来挑战的法宝。

——学生要有"适应性"的工具掌握。对学生而言，在学校能形成"成长链"是很重要的，而工具从另一种角度说，就是成就"成长链"的关键。思想是工具；技术是工具；语言是工具；才艺是工具。未来的发展人才，既要有人文素养的厚实积淀，也要学会各类工具的灵活驾驭。

概括为：学会拾阶，通能助长，厚积薄发。

经过精心研制，我们认为作为华模在新时代对办学的集中思考的结晶"双·成文化"，融文化内涵、教育本质为一体，表现为：

——哲学层面：是历史唯物主义与辩证法的集中地；

——文化层面：是多元文化与多彩文化的集聚园；

——教育层面：是提供选择与学会选择的集合体；

——办学层面：是品质办学与特色办学的集成物；

——育人层面：是合格人才与特色人才的集萃汇。

作为集实验与示范于一身的华模，在新时代面对办学高质量发展的智慧实践，将致力于：

——在改变育人方式上做实验；

——在提升成人品质上做示范；

——在追求高质办学上闯前列。

"双·成文化"的研制成功，是文化立校的重要实践。

文化立校的传承与发展，源于办学探索与实践，成于对办学经验与成果积累的总结与提炼。

文化立校的传承与发展，可以体现转变育人方式，彰显教育新使命；可以提升办学品质，激发办学新活力；可以呈现优质教育，聚焦文化立校的新优势。

第二部分

兴教重识·办学要义

兴教是众人拾柴火焰高，而文化就是一个火把。把文化由设计变为共识并成为行动，这是办学的要义。

"双·成文化"与标志树立

"双·成文化",是华模具有特性、特质、特殊的学校文化,对内是一种文化内涵的风尚,对外是一种文化形象的风范。

"双·成文化"的标志性内涵表述,形成"双·成文化"的重要特征。

(一)"双·成文化"与标志认同

"双·成文化"研制完成后,华模将文化方略作为学校新一轮高质量发展的顶层设计,贯穿办学全过程,并通过宣传普及、专题学习和学科演绎等,致力于文化立校的传承与发展,致力于形成共识,并付诸行动。

1.确立文化立校的主要标志

"双·成文化"起源于学校1994年首创的"双通道"教育的功能集聚辐射,继承并发展了学校2008年提出的着眼未来、发展"双通"、走向个性的"双通"教育,将"双通"教育赋予了更为强烈的育人色彩,后又成就于学校2010年开设的"中学导师制"和2013年深化"中学导师合作制"为改革代表的多元化个性化培养方式的实践。这一历史,既有学校奋斗历程的积累、脉络传承,更有现实求变发展的客观因素、内在动力。

在继承和发展"双通道""双通"办学教育主张的基础上,《双道至简 成势求精——上海市华东模范中学"双·成文化"方略》,成为学校文化立校具有里程碑式的标志,成为学校新一轮高质量发展具有前瞻性价值的标志，成为"华模人"致力于模范育人的共同意志。

2. 明晰文化立校的核心指向

"双·成"文化，即"双道至简、成势求精"的概括，取"成人成才蕴人文、成功成就含功夫"的文化立校与育人指向之意，其核心要义是打造"人文＋工具"的特色，实现学校"双·成文化"的目标追求与价值赋能，开展学生培养，实施育人工程。"人文＋工具"意即"人文素养厚实＋工具驾驭见长"。"人文素养厚实"，是指以丰厚的人文素养，为学生成长奠基；以深厚的人文内涵，为学生发展筑底；以宽厚的人文情怀，为学生立身导航；以深沉的人文精神，为学生立世引路。"工具驾驭见长"，是指以对技能的学习，撬动人生命运的安排；以对器具的掌控，把握成长道路的方向；以对职业的喜爱，换取人生幸福的钥匙；以对技术掌握的兴趣，走进人生幸福的殿堂。

（二）"双·成文化"与思想发动

思想发动，是"双·成文化"从高瞻远瞩走向脚踏实地的必然途径。

1. 制作精华版"双·成文化"读本

把"双·成文化"方略从领导文本变成教师读本，华模进行了转化型工作。学校将研制的"双·成文化"方略作为基本来源和指针文件，并根据精到化、普及化、通俗化的要求，组织力量制作了精华版的《双道至简 成势求精——上海市华东模范中学"双·成文化"方略》，分为"流金岁月 百步穿杨""继往开来 永做模范""薪火相传 改革先锋""文化立校 再谱新篇""文化引领 砥砺前行"五部分，以文化为轴心，以传承为线索，以发展为导向，述历史、讲传统、阐关键、划重点。这本读本，成为思想发动的引擎。

2. 开展主题式"双·成文化"培训

华模将"双·成文化"的宣传和学习作为凝聚广大师生的重要资源和价值灵魂。2021年暑期，学校将"双·成文化"方略作为教师暑期培训的主要读本，展开了全体阅读和全面阅读，并组织大家集中学习，撰写心得体会，从思想上进行务虚和务本。

2021年7月初，华模于图书馆三楼报告厅开展了主题为"双道至简　成势求精"的全体教师会议，主要围绕学校的"双·成文化"方略进行宣讲。通过本次宣讲，使教师对华模历史发展脉络有了清晰的了解，对华模教育理念的更新换代有了更为明确的认知，对"双·成文化"的起源、过程、内涵、外延及其演绎有了更为切身的体验。

3. 开设平台式《华模教育》"双·成文化"专辑

《华模教育》是学校教科研历经、经验和成果的刊物。学校充分发挥此刊物的传播作用，不时刊登教师学习、诠释"双·成文化"的心得体会，并在2022年、2023年分两期出版《华模教育》合刊"研究动态"，专门刊登上海市教育科学研究一般项目《指向"双·成文化"创建的中学教学及其评价深度变革的行动研究》《指向"双·成文化"创建的中学教学及其评价深度变革的行动研究（第二辑）》，积累心得，积累成果，不断将"双·成文化"行动化、具体化、成效化。

"双·成文化"与观念更新

"双·成文化"，既是学校文化，也是思想文化，更是大家文化。只有把集体的意志转化为团体的意识和个人的意愿，才能使文化变成教育生命，而不是束之高阁的花瓶。

"双·成文化"，既是文化方略，也是思想武器。观念更新，需要头脑风暴，也需要文化威力，更需要意识建构。

（一）"双·成文化"引发共鸣

华模的"双·成文化"是有根的文化，是基于学校历史、光荣传统和开拓经历的文化重生。

"双·成文化"方略成功研制后，许多教师并不感到陌生，而且觉得水到渠成。这是对学校历史的认定、对光荣传统的认同、对发展成果的认叫。

1. 坚持传承改革

"双·成文化"是前行路上的轨迹。面对20世纪90年代千军万马过独木桥的高考之路，华模率先提出了"双通道"的办学理念，即为职教与普教双向渗透，让学生找到自己擅长的方面，做到因材施教，做到人才针对性培养，为学生提供多元化发展的道路。随着时代的变化，2008年开始，华模在"双通道"的教改精神下，创造性提出"双通"教育的实施，即为强化学生基础知识为重点的"通识教育"，以培养通用能力为基础的"通能教育"。而2021年以来，面对着高中新课程、新教材的全面实施，面对着办学的新高度、新企求，华模将教改精神一以贯之，提出了"双·成文化"方略。从"双通道"到"双通"教育再到今日的"双·成文化"方略，华模一直都在前进的路上，从未停歇脚步。

2. 培育一种精神

"双·成文化"是精神体现和累积。"双·成文化"既是文化建设的结晶，也是文化精神的积淀。同时，"双·成文化"既成为师生的统一思想，也成为师生的精神财富。

"双·成文化"的精神根基和传承命脉，成为学校教育的精神所在，成为师生精神依托的主要来源。"双·成文化"，为学校精神树立和精神振奋，提供了培育的依据。

有的教师颇为感慨地说，仔细学习了华模中学的"双·成文化"方略，感觉特别振奋，没有一个字是多余的，字字珠玑，值得逐字逐句反复咀嚼，慢慢消化，每一遍阅读都有新启发、新思考、新动力，同时督促自己不断提出新要求、制定新目标。

3. 注重教育哲学

"双·成文化"是凝练教育哲学的过程。教育问题的探讨离不开对哲学方面的思考。为谁培养人？如何培养人？用什么培养人？始终是教育的追问。我们认为，在华东模范中学的办学发展史上，经历了名扬四方的"双通道"办学模式和"双通"教育模式，现在提出的"双·成文化"具有承上启下、继往开来的内涵深意。"双·成文化"是一种哲学思想。文化是以文来教化，要做到立德树人，要做到科学基础扎实；同时要培养学生人生理想与职业理想。但职业规划与人生理想是不同的，不能以职业理想覆盖人生理想，职业可以带给人们物质生活，但还要有诗和远方。同时，"双·成文化"是一种价值取向，每个人都在追求着成功；但是客观地讲，这些追求成功的标准是你自己内心的东西，还是人云亦云，被裹挟的、被灌输的；你自己的心有这种判断吗？我们学校必须批判把金钱和社会地位作为成功的标准的行为，也不能把学习的分数作为评判学生成功的标准，而是把学生的成长作为唯一标准，增强过程性评价。这样的教育，才没有失败。

（二）"双·成文化"引发思考

"双·成文化"，不仅为教师提升教育思想提供养料，而且为教师提供了反思的参照。

1. 认识教育服务的"度"

"双·成文化"引发教师对教育行为的反思。许多教师通过对"双·成"文化方略的研读，终于找到了新的落脚点，那就是"双·成"服务。不过，盘点工作过程，有很多"服务"是值得重新审视的：

一是学生遇问题，教师总是自己出面快速解决。这种"越俎代庖"即是"过度服务"，而不是"双·成"服务。这种服务剥夺了学生自己尝试解决问题的锻炼机会。我们要做的，不是担心学生做不好，应该是实施"双·成"服务，引导学生面对各种问题，视其为机会，然后去积极寻找解决问题的方法，无形之中就增加了经历，而经历本身就是一种学习。

二是日常教学中，教师总是强势给学生支着。这种"强势支着"等于"过度服务"，而不是"双·成"服务。如有的教师，在教学中，学生进行美术创作时，总是以启发为借口，为学生提供大量的借鉴与参考的范本，觉得这些都是"好着"。可是学生有自己行事的思维方式，而教师自己认为的"好着"未必能得到学生的真心认可，学生更多的时候可能是被动地接受。而"双·成"服务，应该是推动学生的思考、点燃学生的创意，而不是简单代替与模仿。

三是家校联系中，教师总是主动给家长提建议。这种"越俎代谋"等同"过度服务"，而不是"双·成"服务。在与家长沟通孩子的教育问题方面，一些教师总是情不自禁地为家长提供"意见建议"，这不是根本上的帮助。而实施"双·成"服务，作为教师所要做的，是提供一些教育案例带动家长分析比较，引发家长共鸣之后自主思考。

四是导教过程中，教师总是说教传道多于导教。这种"说教传道"等比"过度服务"，而不是"双·成"服务。"说教传道"都是单向输出，而"双·成"文化背景下的"导师制"更应体现"导师合作制"。对应教学相长的规律，导师更应关注导学对象的需求，既要在内容上"合作"，又要在组织上"合作"。作为导师，在提供"双·成"服务的时候，教师要清晰地认识到，自己既是学生的学业导师，也是学生的人生导师。学业和人生，并驾齐驱，为学生开启智慧学习和不凡人生的教育之旅，陪伴学生走一程，落实立德树人的根本任务。

五是教研过程中，教师总是布置任务多于创新实施。这种"布置任务"好比"过度服务"，而不是"双·成"服务。有的教研组长，针对学校布置的任务，简单地布置或分配给组员，然后按照时间节点，再反馈给学校。这种呆板的、枯燥的工作方式，应该改进，应该融入"双·成"服务。

在"双·成"文化背景下，教师在实施"双·成"服务的过程中，应该有活力的、灵活的、活跃的钻研教材、课程、课堂、教法、理念、学法和科研等，思想保持活化的，脑筋要能搅得动，化得开。

现代教育已经被社会公认为是服务部门，教师为学生提供优质服务，也已经成为教育工作者的共识，是每个教师的努力方向。但在增强服务意识、提高服务质量的今天，教师需要反思的是：对学生的服务，需要体现"双·成"文化的内涵，为学生的发展注入"双·成"基因。

我们认为，"双·成"文化方略的学习，对老教师来说，是走向高质量教学的新起点，也是面对学校发展，反思过去，展望未来，贡献自己智慧和力量的主动作为，是作为"华模人"的守则。

2.理性认清师生双成关系

"双·成文化"促使教师进一步思考师生的角色。我们认为，学校从之前的"双通道""双通"教育迈入了一个新阶段——"双·成文化"。"双·成文化"有着丰富的内涵意蕴。对于本校的一线教师而言，准确地理解"双·成文化"，并积极主动地去思考和实践，才能使"双·成文化"落到实处，站立起来、丰满起来，对于学生和教师的成长，对于学校的发展起到积极的推动作用。作为一线的教育工作者，应当如何积极主动作为，融入"双·成文化"立校的改革潮流中去？

我们认为，首先，要更新观念，充分了解当代学生的特点，开放而理性地看待自己与学生的关系。雅斯贝尔斯在《什么是教育》中说，"教育的本质意味着：一棵树摇动另一棵树，一朵云推动另一朵云，一个灵魂唤醒另一个灵魂"。也就是说教育要关注人的精神世界，促进精神动力的茁壮成长。这一点广大教师应当没有什么异议。我们认为，这里的两棵树、两朵云和两个灵魂，应该是尽量平等的关系，如果作为教师一直高高在上地来"教育"学生，想必这样的教育是不太容易真正地走进人的心里。事实也是如此，作为一般意义上"教育者"的教师，其实是可以常常被作为"被教育者"的学生所摇动、推动和唤醒的，尤其是面对成长于互联网的一代。因此，教育者和被教育者并不是固定的，作为教师，不要以教育者自居，而是要不断地更新观念，充分了解当代学生的特点，不断地反思自己，从而开放而理性地看待自己与学生的关系。

其次，作为教师要充分发现自我，结合自身的具体情况和特点，准确定位，找准自己的职业追求。事实上，教师只有对自己有清晰的认识，摆正自身位置，做一个明白自己、明白事理的明白人，才能找准职业发展的基点。

最后，在日常教育教学中，要将自身的职业追求与学生的发展需求结合起来。如果教师的职业发展能够与学生的发展需求有机地结合起来，在充分尊重彼此的基础上，教师呵护学生，学生拥戴教师，教师期望学生成人成才、成功成就，学生希望教师也能得到相应的回报，这样我们就比较容易实现师生双方"成人、成才"的育人目标，成就"成势、成全"的人生格局，实现"成功、成就"的理想愿景和"成器、成品"的高远境界。那么，"双·成文化"便能真正成为师生双赢、双发展、双成长的共享道德关系准则的典范。

（三）"双·成文化"催生创新

"双·成文化"犹如一种引擎，激发了教师对教育教学的创造性实施的热情。

1. 创设各种可能

"双·成文化"是对"双通道"教育主张的继承和发展，是在优质教育需求大幅提升的挑战和机遇下自觉提高办学水平的新主张，说到底是为学生提供发展的各种可能。华模是一所完中，"双·成文化"的提出，这就意味着初中高中都要优质办学，不同的孩子有不同发展空间。目前的教育方式，精英和尖子生是备受瞩目和期待的，而处在中间水平的普通学生普遍不被家长期待，太多的机会让他们一次又一次感受到普通和不被期待，这对一个正处在人生初始阶段的中学生来说是近乎残忍的！

他们还只是孩子，他们的世界观、人生观和价值观还没有完全形成的阶段，多么需要除了考试、功课以外的引导，而华模的"双·成文化"恰恰给孩子们创设了这种可能。

网络的便捷方式，让今天的孩子们比以往任何一个时代的同龄人都能看得更远。孩子的每天信息都关涉文学、体育、动漫、美学、医学健康等各个领域，世界是平的，中学生的世界更是多元的，凡是成人能涉猎的领域，我们的孩子或多或少都可以打开一扇窗，所以综合素质的提升对今天的中学生来说，已经不再是一种口号，除了升学之外，华东模范中学的每一名学生的未来都值得期待！

"双·成文化"立足现在，指向未来。教师觉得在这一点上，都在努力尝试。基于华模的导师制，我们教师得以有机会跟孩子们一些非学科非班主任身份的接触，那又是别样的方式。在导教的时间里，我们更多的是朋友，常常就社会热点发表自己的看法，也一起讨论各自正在进行的阅读，甚至一起讨论遥远的未来。不同年龄的孩子在一起，各自有各自的喜好和兴趣，对同一个问题每个人都有自己不同的答案，这是值得欣喜的，从孩子们的讨论中，我们可以看到较少的束缚，更多的真诚和期许，这在今天是非常珍贵的，值得我们珍视！

最后，"双·成文化"关注学生的人文底蕴和思想启发，这是非常前瞻性的教育理念，非常幸运能有这样的机遇，我们将在以后的教育教学中更加深入地去实践。

2. 创建班级文化

文化具有传导性、渗透性和繁衍性。"双·成文化"的建立，为教师进行工作创新提供了先导。我们认为，创建班级文化氛围，以"静、净、竞、敬"四字为核心，"静"中生慧，"净"中生美，"竞"中生优，"敬"中生德，在耳濡目染中就是对学生进行了"双·成"教育。

众所周知，班级作为教育学生的最前沿阵地，应该有班级文化。班级文化既是一种文化氛围的创建，又是对被教育者心灵的塑造，对教育学生成人、成才有重要作用。我们认为，班级文化建设应以"静、净、竞、敬"四字为核心，打造一个安静、干净、积极向上、人人心中有敬有爱的班集体。

"静"：有两层含义：一、安静的环境；二、安静的心灵。静，强调安静环境的创设，发挥环境育人的作用，营造一个物理环境、空间环境舒适的天地；同时，强调心境的调节，保持心灵的宁静。静，说到底，就是班级要为每位同学营造一个安静、自由的精神家园。

维护安静的学习环境，呵护安静的心灵，应该成为班集体创建班级文化的一种自觉境界。为此，班级首先通过民主表决制定了班规，要求每个同学签字承诺：在教室学习自觉保持安静。其次推选出值日班长在自修时间负责维护班级的安静。我们还让擅长书法的学生书写关于"静"的名言警句，悬挂在教室的墙壁上，不仅能营造一种安静的氛围，让走进教室的每个同学尽快进入安静的学习状态，而且在潜移默化中让安静的环境濡染学生安静的内心。"静"能生慧，在宁静中思考，在宁静中感悟，在宁静中成长，在宁静中成才。

净：既指保持教室干干净净，又有保持心灵纯净的含义。"净"，窗明几净、干净整洁。教室干净整洁、宽敞明亮，人的心情自然也会轻松愉快起来，而在环境净化的同时，人的心灵也将得到净化。

要做到干净，必须从日常抓起，首先，是合理地安排值日生工作，调动大家的劳动热情和责任感，所谓"一屋不扫，何以扫天下"，让学生认识到把教室打扫干净是自己对班级应尽的一份担当和责任。其次，是每个同学争做卫生小卫士，从自我做起，从现在入手，主动地创造美好环境。每个人的位子干干净净，教室就会变得卫生整洁。最后，加强卫生委员的检查管理。顺手捡起的是一片纸，纯洁的是自己的精神；有意擦去的是一块污渍，净化的是自己的灵魂。净能生美——干净整洁的环境也能不断净化思想，净化心灵。

竞：要有一种竞争精神，不要自暴自弃。当然竞争不能只局限于学习，应创造各种平台，让每个同学各取所长，尽情展示自己的精彩，这样的孩子出去才会有自信，才会积极进取，阳光乐观。"竞"能生优——学习如同逆水行舟，不进则退，物竞天择，适者生存。有竞争意识，会让孩子变得坚强、勇敢，会助力孩子的成长。挖掘潜力，奋勇争先；不断地突破自己，从"胜利"走向"胜利"。

敬：敬者重也，不轻慢。因识其恩而知其德，引发的一种心理状态的外在表现，感恩即是敬。在传统文化中，当敬天、地、君、亲、师，其实就是现代人所讲要敬畏自然，热爱国家，感恩父母，敬爱老师。敬畏自然，就会热爱生命，进一步讲会珍爱自己的生命；热爱国家，就会有集体荣誉感；感恩父母就会就会家庭和睦，尊敬老师也会爱上学习。敬能生德，有了敬，就会形成一种高尚的品德。爱人者，人恒爱之；敬人者，人恒敬之。

三

"双·成文化"与日趋完善

文化立校，是一个渐进发展的过程，也是一个与时俱进的历程。凝聚众人的智慧，会使文化更全面、更立体。

（一）"双·成文化"哲学联系

文化是一种系统，需要多方面组合。

1. 学校文化的内容

著名教育管理学家欧文斯说："组织文化是决定教育组织品质的根本因素。改变组织表现的唯一关键因素就是改变其文化。"显然，学校文化建设相当重要。培育学生坚实深厚的科学与人文基础，铸就学生健全人格和良好个性，是当代学校文化的核心功能和价值追求。"双·成文化"方略正是基于此的实践和思考的产物。

我们认为，学校文化反映学校的精神内涵，是学校教育的灵魂。同时，学校文化具有内容的广泛性。按一般约定，学校文化，包括物质文化、精神文化和制度文化。物质文化，大多是看得见的环境、设施，给人以愉悦感。精神文化，大多呈现的是价值观和行为判断，给人以思想支撑。制度文化，大多是以规范、守则而展现的，给人以秩序感。这些学校文化的组成部分，是相互联系、相互渗透、相互影响的。

同时，学校文化根据对象不同，又可演绎成各个具有显著特征的个体文化，如教师文化、学生文化、课堂文化、场所文化、特色文化等。文化内容的广泛性和针对性，正是文化普惠性的反映。

"双·成文化"方略，既高瞻远瞩，又脚踏实地，既对学校文化的整体做了性质、概貌的顶层设计，又对学校文化的部分做了特点、个性的分类设计，涵盖了学校生活的方方面面，具有引领和指南的作用。

2.学校文化的传承

文化传承与发展是一个命题。优秀的文化传统是一所学校得以延续与发展的坚实根基。所谓办学，就是持续传承与不断创新学校文化的过程。

华模是第一所由普通完中命名为"上海市实验性示范性高中"的学校，曾经被称为"上海市普通高中教改的一面旗帜"。进入新时代后，学校坚持依法治校，秉承华模"一切为了学生成才"的办学宗旨，发扬"双通道"改革精神，坚持"文化立校、个性发展、师生共赢"，用改革创新驱动学校发展。

针对时代和教育的新变化新要求，学校管理团队把握发展机遇，及时调整学校发展规划，成功实现两次办学转型，提出"成人成才蕴人文、成功成就含功夫"的文化立校与育人指向、育人目标，进一步凝练为培养具有深厚的人文情怀、宽厚的通识通能、驾驭工具见长的全面而有个性的学生。这意味着学校经历了"双通道"办学模式和"双通"教育模式两个发展阶段，正式进入文化立校新时期，实现了由"升学预备教育"向"幸福人生奠基"的根本性转型。

（二）"双·成文化"重在融入

"双·成文化"，要融入时代潮流，融入办学需求，融入优质教育。

1. 转变育人方式

"双·成文化"，是对育人方式转变的及时反应。2019年6月，国务院办公厅印发《关于新时代推进普通高中育人方式改革的指导意见》（以下简称《意见》），强调要进一步健全立德树人落实机制，深入推进适应学生全面而有个性发展的教育教学改革。《意见》的出台，与"培养社会主义事业的建设者和接班人、实现立德树人的根本任务"这一教育属性高度一致，一直以来，立德树人都是我们的根本任务，高位优质成为我们的办学追求。

新时代高中育人方式的变革、"五育"并举核心素养的培育；新技术教育环境条件的优化、"融合教育"信息素养的倚重；新要求区域精品教育的推崇、"个性化教育"关键素养的贯入……在优质教育需求大幅提升的挑战下，面临新机遇，学校趋时变通，勇担教育使命责任，制订新一轮发展规划，突出文化的作用，彰显了育人方式变革的宗旨要求，体现了立德树人根本任务的核心指向。

2. 提升办学品质

"双·成文化"，是对提升办学品质的建树。2020年9月，教育部等八部门出台了《关于进一步激发中小学办学活力的若干意见》，指出要深化教育"放管服"改革，落实中小学办学主体地位，形成师生才智充分涌流、学校活力竞相迸发的良好局面。华模是一所有特色的实验性示范性中学，学生的综合水平处于中学生群体的中等状况，"人文素养厚实＋工具驾驭见长"的"双·成"文化，立足于"双通道"办学的学校基础，延续了"双通"教育的发展脉络，指向"多元发展"的价值追求，正是在针对这一学生群体的未来发展的思考基础上实施的一种教育实践，开启了学校从"升学功能"的办学方式走向以"幸福人生"为重点的"升学功能"与"幸福人生"并存的优质教育、活力激发的全向演绎，彰显了学校当下的使命担当；让学生带着幸福的愿景走向升学、面向社会，这是学校更高价值的教育事业与育人情怀，更是以实际行动回应和落实教育部激发办学活力的新要求。

3. 呈现优质教育

"双·成文化"，是对实现优质教育的贡献。2021年2月，学校《双道至简 成势求精——上海市华东模范中学"双·成文化"方略》研制成功，方略中"成人成才蕴人文、成功成就含功夫"的文化立校及育人指向，紧扣时代发展脉搏，为学生的全面发展和个性化发展，种下"时代基因"、培植"时代种子"，是学校办学思想、教育理念在学校文化上的反映，是学校在办学中形成并确立的价值观念、共同愿景、精神风貌，是学校居于顶端的上位文化，为学校站上文化立校的高度奠定了主基调。

《双道至简 成势求精——上海市华东模范中学"双·成文化"方略》的适时出台，是从文化立校的更高视野、品质育人的更宽立意、全面优化的更深程度，进行以文化建设为特质的系统盘整和全面提升，是华东模范中学自信走向新时代、自觉办出新水平、自能培育新一代的学校主体文化；是在道路自信、理论自信、制度自信、文化自信的风尚下，以实现优质办学和品质育人为目标的示范文化；是在实施新课程、新教材的背景下，以落实德智体美劳全面发展为指针，以培育核心价值、必备品格、关键能力为重点，以勇于探索、智于实践、立于创新为引擎的实验文化；是在文化与教育融合、教育与技术融合环境下，以丰厚的人文素养为滋养，以发展的信息技术为工具，以人文见识、工具见长、思维见地为专长的特色文化，在区域教育行业范围内具有先行一步的新优势。

"双·成文化"与课题深化

"双·成文化",是具有生命力、发展力的,通过课题的专门研究实现文化的引领性、领悟力和作用力,是华模对文化方略研制后的持续行动。

(一)"双·成文化"指明教科研方向

"双·成文化"的成功研制,为华模教科研课题的触角产生了契合力,同时增加了前行的动力。

1. 课题当家

自"双·成文化"方略研制后,华模的教科研继续突飞猛进,已形成的课题及其成果有:

(1)2022年成功立项上海市教育科学研究一般项目《指向"双·成文化"创建的中学教学及评价深度变革的行动研究》[①](2022年—2025年)。

(2)出版了两期《指向"双·成文化"创建的中学教学及评价深度变革的行动研究》研究动态(2022年6月、2023年9月)。

(3)2023年成功立项了上海市市级课题《新课标视域下伟大精神谱系融入中学思政课教学的行动研究》(2023—2026年)。

---

① 编者注:因本书中所涉及的绝大部分课题和项目最终均以论文、报告和图书的形式呈现成果,故本书在提及课题、项目名称时均统一加以书名号。

（4）2023年成功立项全国教育科学"十四五"规划教育部重点课题《激活学生创造力：发达城区教学深度变革的实践性循证研究》子课题《指向激活学生创造力的"双·成"教学变革的实践研究》《指向激活学生创造力的中学思政"沉浸式学习共同体"的建构与实践研究》《基于共振理论的中学数学教学深度变革的实践研究》三项并完成了开题报告。

（5）申报了上海市市级普通高中"双新"研究与实践项目《"双新"背景下基于课程标准的高中语文"双·成"评价的实践研究》（2022年11月）。

（6）完成了两项静安区区级"双新"区校联动研究项目《以职初教师的培养优化教师关键行为的行动研究》《发达地区高中语文阅读能力标准化研究》（2022年11月）。

（7）立项了《"双新"背景下高中学生"语理"培养的行动研究》《基于LICC课堂观察促进生命观念在高中生物课堂落实的行动研究》《指向高阶思维培养的初中整本书阅读"结构化任务"设计的行动研究》等20余项静安区区级一般课题和青年课题作为"双·成"研究项目的子课题。

2. 重点攻关

学校于2022年1月立项了上海市教育科学研究一般项目《指向"双·成文化"创建的中学教学及评价深度变革的行动研究》，旨在通过探索"双·成文化"背景下教学观的重建与评价观的转向，建构相应的教学及评价变革的指标、框架与工具、方法，从理论和实践上寻求"双·成"文化下的中学教学与评价改革的有机融合新路径。

2022年3月，《指向"双·成文化"创建的中学教学及评价深度变革的行动研究》市级课题开题论证会成功举行，从"研究背景""核心概念""研究目标""研究内容""研究方法""实施步骤""进度安排""预期成果"八个方面进行了开题报告。

《指向"双·成文化"创建的中学教学及评价深度变革的行动研究》是华模"双·成文化"方略研制后推出的一个全局性、承续性、持久性的重大课题，也是具有文化特色的关键课题，更是落实文化方略的实践性课题。

这是一个具有学校文化背景、由学校文化生发开来的创建性课题。"双·成文化"，即"双道至简、成势求精"的概括，取"成人成才蕴人文、成功成就含功夫"的文化立校与育人指向之意，其核心要义是打造"人文+工具"的特色，实现学校"双·成文化"的目标追求与价值赋能，开展学生培养，实施育人工程。

"双·成文化"，旨在为高质量的办学、高品质的育人、高效益的教育架设更大、更宽、更长的"通道"，这是对"双通道""双通"教育主张的继承和发展，也是对"双通道"、"双通"教育、"导师制"的实践提炼和助推，更是对学校华丽转型的勾画和设计，对于学校整体办学水平的提升，将起到巨大作用。这项课题架构在"双·成文化"的轨道上，具有不一般的意义和价值，是学校文化得到落地和实现的重大建树。

这是对学校核心领域——教学与评价具有新一层、高一层破解和建树的关键性课题。教学与评价，在国际教育领域历来占据着重要地位。约翰·彼格斯和凯文·科利斯教授的SOLO分类理论指出，一个人的总体认知结构是一个纯理论性的概念，是不可检测的，而一个人回答某个问题时所表现出来的思维结构却是可以检测的，据此可以判断学生在回答某一具体问题时的思维结构处于哪一层次。这种以等级为描述特征的定质评价，当下在国际社会中已被广泛应用于诸多学科的学习与评价。美国率先提出能力型情绪智力观，将情绪智力课程、教学、评价与教师专业发展有机结合在一起，构建起一个生态模型，并将其融入学校教育大系统中。近年来，国外对在线教学评价的关注呈波动上升趋势，从时间维度看，国外关于教学与评价研究的热点不断变迁，但尚未形成核心作者集群和紧密的机构合作系统。

我国历来高度重视教学与评价的变革。2020年10月，中共中央、国务院印发《深化新时代教育评价改革总体方案》，指出学校的教育评价事关教育发展方向，有什么样的评价指挥棒，就有什么样的办学导向。要完善立德树人体制机制，扭转不科学的教育评价导向，提高教育治理能力和水平。赵德成教授从"一名普通的中小学教师如何在教学实践中评价学生学习进展，诊断自己教学的成效与得失，使评价有效引领、支持和辅助自己的教学？一所学校如何构建体现育人为本理念、能有效促进学生发展的教育评价制度？"的角度指明了精教学、通评价的必修之路。

国内学者注重关注课堂教学评价指标的建构。管恩京围绕混合式教学有效性评价做了开创性的研究，提出了混合式教学有效性评价指标体系，实现了课堂教学评价和在线学习评价的融合，建立了混合式教学有效性因素构成模型。林颖提出，核心素养导向的中小学课堂教学评价指标的建构应遵循学科化彰显、个性化凸出、多元化发展的要求，以教学设计、学习速度、学习体验、学习结果为内核。侯桂红也对历史教学设计进行了分类，提出了分析与评价历史教学设计的操作方法。

亦有学者关注了课堂教学评价框架的设计。北京教科院研究发现，确定中小学课堂教学评价体系，要坚持"以学生发展为本"，注重考查体现素质教育课堂教学特征的基本要素。钱明明认为，中小学课堂教学评价框架不仅是教学评价观的体现，也是课堂教学评价指标体系建构的基础。不同取向的评价思想产生了不同的评价框架（指标结构）设计。

综上所述，目前国内外精教学、通评价的教学及评价的研究各有特色，具有一定的理论意义和实用价值，一定程度上为后来者启发思考、拓宽视野、激发灵感与开展研究提供了新思路。但对于将特色上升为文化、用文化加深特色的教学及评价变革研究，目前尚未找到一篇专门的著作和来自基础教育或一线教师的实践经验。华模以此为突破点，以指向"双·成文化"的中学教学及评价深度变革的运作框架与实践策略的构建为依据，突破现有的瓶颈，形成具有"双·成文化"特色的中学教学及评价变革的系统认识与经验提炼，整体转化育人成果，寻求研究视角、目标、内容上的一种创新。

这是一项在新课程、新教材背景下具有独到学术价值和应用价值的主题性课题。一是体现立德树人教育使命担当，为推进育人方式改革创特色。2019年6月，国务院办公厅印发《关于新时代推进普通高中育人方式改革的指导意见》（以下简称《意见》），强调要进一步健全立德树人落实机制，深入推进适应学生全面而有个性发展的教育教学改革。《意见》的出台，与"培养社会主义事业的建设者和接班人、实现立德树人的根本任务"这一教育属性高度一致，我校"双·成文化"的"成人成才蕴人文、成功成就含功夫"的文化立校及育人指向，其本质属性与教育属性互融，是教育属性在学校的具体实施与展开方式，紧扣时代发展脉搏，为学生的全面发展和个性化发展，种下"时代基因"、培植"时代种子"，彰显了育人方式改革的宗旨要求，体现了立德树人根本任务的核心指向。

二是提升办学品质激发教育活力，为增强学校发展动力闯新路。2020年9月，教育部等八部门出台了《关于进一步激发中小学办学活力的若干意见》，指出要深化教育"放管服"改革，落实中小学办学主体地位，形成师生才智充分涌流、学校活力竞相迸发的良好局面。华模是一所有特色的实验性示范性中学，学生的综合水平处于中学生群体的中等状况，"人文素养厚实＋工具驾驭见长"的"双·成"文化，立足于"双通道"办学的学校基础，延续了"双通"教育的发展脉络，指向"多元发展"的价值追求，正是在针对这一学生群体的未来发展的思考基础上实施的一种教育实践，开启了学校从"升学功能"的办学方式走向以

"幸福人生"为重点的"升学功能"与"幸福人生"并存的优质教育、活力激发的全向演绎，彰显了学校当下的使命担当。让学生带着幸福的愿景走向升学、面向社会，这是学校更有价值的教育事业与育人情怀，更是以实际行动回应和落实教育部激发办学活力的新要求。

三是应对教学与评价改革新挑战，为教学评价有机融合架桥梁。2020年10月，中共中央、国务院印发《深化新时代教育评价改革总体方案》，指出要完善立德树人体制机制，扭转不科学的教育评价导向，提高教育治理能力和水平。教育评价事关教育发展方向，教学与评价改革事关教育公平，必须加大学校教学与评价改革力度，推进落实立德树人根本任务。但现有的评价，原则性要求多、具体的评价方法少，理论与实践的对接较难落地。这些瓶颈问题需要我们去攻克，新的挑战需要我们去应对，本项目旨在通过探索教学观的重建与评价观的转向，建构相应的教学及评价变革的指标、框架与工具、方法，从理论和实践上寻求中学教学与评价改革的有机融合新路径。

这是一项在教学观更新、评价观提升并在工具性活用上有突破的创新性课题，旨在构建以教学观的重建和评价观的转向为重点的中学教学及评价变革的运作框架与实践策略。其主要建树为：形成以"人文+工具"为特色、实现学校"双·成文化"目标追求与价值赋能的中学教学及评价变革的行动要则；论证"双·成文化"指向"成人成才蕴人文、成功成就含功夫"方面的独特优势和合适条件，形成整体转化研究成果的可操作策略，为中学基础教育精教学、通评价的教学与评价深度变革提供系统认识与经验借鉴。侧重于：指向"双·成文化"创建的中学教学及评价变革的文献现状研究——"双·成文化"与中学教学及评价变革的关系研究；指向"双·成文化"创建的中学教学及评价变革的教、学、评一致性研究。——指向"双·成文化"创建的中学教学及评价变革的观念重建研究：指向"双·成文化"创建的教学观重建研究；指向"双·成文化"

创建的评价观转向研究。——指向"双·成文化"创建的中学教学及评价变革的行动要则研究：指向"双·成文化"创建的教学及评价的指标与框架制定，指向"双·成文化"创建的教学及评价的工具与方法研制。——指向"双·成文化"创建的中学教学及评价变革的成效转化研究。

（二）"双·成文化"形成团队个人协力攻关

对教科研，华模具有优良的传统和出色的成绩，率先提出的"双通道"办学模式，为学生打通"升学预备教育"和"就业预备教育"两条通道，创设了学生多元化的发展通道，架起了"人人成才"的立交桥，在上海乃至全国教育界产生了积极的影响。其一些主张和实践，成为沪上普通高中教改的重要财富。

"双·成文化"的研制成功，为学校教科研的方向指明了一条通途，为学校教科研的深化注入了生机与活力。至今，学校教科研团队的实力雄厚和教师个体的专业功力，形成了极大的优势。

1. 教科研团队有力

《基于育人方式变革的初高中一体化导师制的探索与实践》，曾获上海市教学成果奖。

这是一幅幅很有画面感的团队进行课题研究的画面：

——2022年1—2月，全体教师利用寒假时间开展了相关研究并提交了体现"双·成"教学实践要求的"基于学期期末考试试卷数据分析与讲评"的教学设计及案例，对"人文+工具"特色的教学进行了第一次尝试性实践，完成了对"双·成"教学由感性认识上升到理性认识的一次升华。

——2022年7—8月，全体教师根据自己的教学实践，利用暑假时间开展了学科教学研究并提交了《新课标视域下体现"人文+工具"特色的"双·成"教学实践》的论文及案例。各学科教师结合自己的"双·成"教学实践，梳理并定位了"人文+工具"特色在本学科的呈现特点。如有的教师浅谈语文教学中的"双性"与"双·成"教育的契合，对"双性"与"双·成"教育相契合的语文"人文+工具"特色进行了清晰的阐述："工具性与人文性语文的两大属性，工具是基础，人文是核心，新课标视域下，无论是工具性还是人文性都以人为本，都以学生的全面和谐发展为本，以学生的成才、成人作为教育的最大成功。"同时指出了实现"人文+工具"特色语文教学的路径：教师要树立正确的教学观念，才能处理好"双性"与"双·成"的关系；教师要寻求、采用恰当的教学方法，让"双性"与"双·成"落实在日常的语文学习中；教师要有持之以恒的精神，才能让"双性"真正变为"双·成"。又如有的教师在"历史是人文，也是工具"一文中指出了"在历史学科的属性中，工具性与人文性并不是呈现出分立或对立的状态的，而是以互相支持、互为表里的一体两面的形式出现的，否定了其中任何一面，则另一面也不会存在。两者相辅相成，互相促进"的观点，并将这一观点在自己的高中历史《选择性必修1·国家制度与社会治理》第四单元"民族关系与国家关系"的教学中予以了实际的运用与验证，从真正意义上实现了历史课程工具性与人文性的统一。再如有的教师通过开展"人文+工具"与初中语文教学实践相结合的研究，强调要关注学生的生命成长的同时，对语文的"工具性"更不能忽略，重人文性的同时，也要关注文本，聚焦语言，将人文性和工具性充分融合在课堂上，使语文的工具性和人文性达到完美的统一。还有，有的教师借助线上课堂教学，充分运用"人文+工具"特色为教学注入了新的生机，并结合自己的线上教学体会与感悟，为"双·成文化"的实践提供了鲜活的范例，诸如此类，不胜枚举。众多教师的研究，都精准指向了本学科的"人文+工具"特色，实现了课程的工具性与人文性的统一。

——2022年9—12月，教导处与总课题组利用周五的教工学习时间，于第4、第8、第12、第14、第16周，先后举办了新课标视域下体现"人文＋工具"特色的"双·成"教学实践的主题教学论坛，共安排11位教师进行论坛发言，目前已有8位教师完成了精彩发言，本学期"双·成"教学实践的主题教学论坛将会继续举行。

——2023年1—2月，全体教师根据自己的教学实践，利用寒假时间开展了相关研究并提交了体现"双·成"教学观重建研究的论文及案例，并于2月中旬新学期开学时进行了提交。教师分别从教学形态、教学实施、教学资源环境三个维度（① 教学形态着重研究如何从学科知识走向学科知识、学科思维、学科教育的三位一体的重建；② 教学实施着重研究如何从学科育智走向"人文＋工具"、主辅有别的"五育"并举的重建；③ 教学资源环境着重研究如何从固定室内课堂走向开放混合体验的多元化和宽场域的重建），结合自身的教学实践对"双·成"教学观的重建提供了来自一线教学具有真知灼见的研究成果。

2. 骨干青年教师一马当先

——2022年11—12月，举办了体现"双·成"文化特点的第二十届青年教师教学大奖赛，共有13位青年教师进入了决赛。进入决赛的青年教师高度重视、认真投入、全力以赴，充分展示了华模未来的希望和新生力量的层出不穷。例如初中语文王老师，在教学中贯穿"学生学习"的主线，真正落实"学生主动学习"；课堂四个主问题的设计清晰明了，教学过程始终引导学生关注问题，关注文本。又如地理学科薛老师，以文字、地图、视频，让学生去推测、去认识、去理解；从历史、现实等角度，让学生去学习、去感悟；在课本知识落实的同时，关注现实世界中与之相关联的知识，很好地为学生打开了认识世界的窗口。再如初三数学学科卢老师的数学拓展活动课，高度重视学生的主体意识，让学生在活动中表达，体验知识的应用和价值；教师从生活中找寻课题，把课本知识运用于实践中，实现了理论与实际的有机结合。还有初三政治学科张老师在课堂上采取分组打分的竞赛方式，极大地激发了学生的学习热情和有效参与……华模持续了20多年的教师教学比赛活动的意义不仅在于赛出一批教学能手，更重要的是为青年教师的成长提供了锻炼、成长的平台。这项活动不仅掀起了校园内教师教学研究的热潮，也促进了教研组、备课组的教学实践研究活动，有力地推动了"双·成"教学观重建的研究与实践，成为学校"双·成"文化的一个重要组成部分。

第三部分

成人重格·育人要旨

成才先成人，育人德为先。成人重在人格、品格、风格的哺育，始终是育人的关键。

一

"双·成文化"强调立德树人的校本化

"双·成文化"方略，不仅是办学谋略，也是育人大略，其思想内涵、价值取向和事实导向，都无一例外地指向了育人，强调立德树人的校本化、具体化和特色化。

（一）"双·成文化"主张以德为先、以格定位

华模在"双·成文化"方略中，对立德树人、以格定位做了多维度的阐述，体现了学校在新时代培育新人的正确认知。

1. 立德树人是根本

"双·成文化"方略提出：对接时代，展望未来，融入社会，进取人生，为上海教育添薪加瓦，为区域教育争先呈强，为学校发展擎天驾驭，为学生成长挡风遮雨。办学的出发点、教育的落脚点，最终表现在学生成长上。

"双·成文化"方略强调：遵照立德树人，遵循教书育人，对接核心素养，聚焦关键能力，体现科学精神，讲究成事艺术。

"双·成文化"的基本定义为：对准成人的基准，瞄准成才的方位，用厚重的人文打开通路；奠定成功的基础，站稳成就的基石，以无穷的

能耐铸造辉煌。

"双·成文化",倡导以正确的理念引领学校超常发展,向上的价值观激发师生昂扬斗志,进取的精神鼓舞师生赢取人生。心念成功,成人相随;心系成就,成才将至。

"双·成文化"文化的起点是基于"学生"的全面个性成长,而立德树人则是根本。教育旨在培养人,把人培养成有德行的人,这是社会主义教育的本质特征,也是社会主义办学的核心所在。

2.特色育人是格调

华模提出,运用学校成熟的办学特色,以学校文化的价值赋能,开展学生培养,实施育人工程。特色育人是实现立德树人根本任务的有效措施,是贯彻"五育"方针的有力手段,是落实全面发展核心素养培育的有益途径。

在立德树人的前提下,华模对以格定位做了具体阐述,即人文素养厚实下的"双·成"文化的特质和工具驾驭见长中的"双·成"文化的特质。这两个特质,既是立德树人的反映,也是特色育人的折射。

人文素养,是社会人的必备,也是现代人的特征。人文素养,与知识相关,与素质相连,与开明相系。将特色育人置于立德树人的大局和人文素养的视域,极具政治站位和价值取向。

学校对人文素养厚实下的"双·成"文化的特质做了如下具体范畴的规定:

一是懂得文化的价值:人文底蕴。文化,是人文的基础,也是人文底蕴的基石。文化的价值,源于文化知识又高于文化知识。价值是对原物的性质、作用及意义的回归和厘定。懂得文化的价值,人文底蕴就有了源头。

二是了解文明的渊源:人文积淀。文明,是人文的瑰宝,也是人文积淀的来源。文明的渊源，是人类和社会从哪里来到哪里去的来龙去脉，了解这个过程，对于文明熏陶的作用不可估量。人文积淀，有赖于了解文明的渊源。

三是欣赏文儒的格调：人文演绎。文儒，是杰出的代表，是精神的化身，在他们身上集中了人文的风骨和风范。欣赏文儒，既是格调习得所由，也是人文演绎所源。

四是明白文道的遵循：人文品位。文道，是真理的结晶，也是成事的法则。明白文道，就是坚守正确，而坚持真理和道义，就是人文品位。因此，人文底蕴、人文积淀、人文演绎、人文品位，构成了特色育人的重要指向。

工具驾驭，是进入信息时代的必需，也是一代新人的重要表征。工具驾驭，与科学相关，与技术相协，与选择相辅。将工具驾驭进入特色育人的视线，极具现代眼光和务实远见。

学校对工具驾驭见长中的"双·成"文化的特质做了视野开阔的厘定：

一是谙熟思想的引领：思想工具。主张将思想作为一种工具，这是独树一帜，也是高明之举。把思想作为工具，不仅不会降低思想的高度，而且能实现思想引领的效度。

二是通识技术的要领：技术工具。技术，是科学技术的产物，也是成就事业的帮手，尤其是在技术高速发展的当下，能将技术作为工具使用的人，才是与时代共同前行的人，而落伍技术，必将被新技术所淘汰。可以说，技术工具是人发展的左右手。

三是跟踪方式的走向：载体工具。如果说技术是提供工具，那么载体就是具体工具。有了思想，有了技术，找到载体就是思想转化、技术转型。所以说，对载体工具的认识和理解及其执行，就是一种工具的使用。

四是掌握成事的利器：随时工具。事物是复杂的，解决的方法也有不同，这就需要借助灵机一动的工具，即创造性的工具，实现工具"他者"向工具"自有"转变。随时工具便是思想工具、技术工具、载体工具的瞬间再现。

（二）"双·成文化"成就有灵性有悟性有特性的人

"双·成文化"对时代新人的描述和期待，都充满了现代气息和灵动特质。

1."双·成文化"成就有灵性的人

"双·成文化"致力于培育有灵性的人。所谓有灵性的人，其实就是能更加有力地利用成长条件，在肥沃土壤上能自由生长的人。培育有灵性的人，需要有灵活的环境、灵秀的条件和灵动的养料。

"双·成文化"中的"双"字，极富内涵，极具条件，极具环境，这为培养灵性的人提供了指引、结构和努力方向。如"双结构"，"双·成文化"清晰学业结构、人生结构的"双全配"。学业，是学生的立身之本，结构是学业的框架，学业结构讲究尽理达全；人生，是人的一生，结构是人生的布局，人生结构讲究尽善尽美。再如"双本领"，"双·成文化"精准驾驭自身、把握未来的"双优配"。自身是基础，一切尽在自己驾驭之中，驾驭是一种能力；未来是前途，一切尽在把握之中，把握是一种见识。还有"双成功"："双·成文化"崇尚物化成功、价值成功的"双高配"。物质是基础，物化是量标，物化成功代表物质富有；价值是高端，价值是精神，价值成功寓意精神富足。

2."双·成文化"成就有悟性的人

悟性，就是觉悟、醒悟和彻悟。悟性，表现为对规律的通晓、对法则的通达。"双·成文化"的双元思路，集中表现为哲学上的二元论。

"双·成文化"，是一种哲学思想。蕴有大局的意思、兼顾的胸怀、定夺的选择、理想的追求。同时，双，代表着用至少两种或直至N种思维去看待自然、世界、社会、人间。学会用一分为二的"二分法"对待发生的一切。这是"双·成文化"的哲学出处。

这个文化的始发地，不仅点出了"双·成文化"的哲学基线，也画出了"双·成文化"特色育人的幸福线，更透出了悟性强人的力量线。

3. "双·成文化" 成就有特性的人

"双·成文化"，是在"双通道""双通教育""个性化教育"基础上形成的，尊重每一个学生的主体地位，强调每一个学生的个性发展。所谓有特性的人，首先应当是有个性的人。在当今，人的个性自由发展，不仅由教育本质决定，而且由时代需求认定。

有特性的人，知晓个性的秉性，同时知晓个性与共性的关系；知晓个性的发展，同时知晓个人发展与他人发展的关联。

强调有特性，不仅尊重每一个学生，而且不亏待任何一个学生。学校实施的双师型"导师"，就是维护每一个学生有特性发展的权利。

"双·成文化"视域的成人成才特点阐述

"双·成文化",是一种辩证思想,也是唯物主义的逻辑,其在成人成才上特别讲究双成。

学校在办学思想体现成人成才观,提出:

坚决依据国家法律法规,坚持奉行科学发展观,坚定遵循教育规律,努力体现中国特色、上海特征、静安特点,落实静安区域"国际化"、教育"精品化"、培育"个性化"的时代要求,将学校办成静安区素质教育的最佳实验学校、上海市高中示范性的特色模范学校。

以立德树人为根本,以"双·成文化"为引领,坚持全面综合立体发展,培养学生成为人文素养厚实、驾驭工具见长,具有生存能力、生活本领,缔造学业扎实、事业有望的通自己、通未来的适应型、复合型、发展型人才,为幸福人生奠基开路。

这样的办学思想为成人成才确定了方向。

(一)"双·成文化"的成人气质

人是教育的对象,成人是教育的目的。铺设成人之道,正是"双·成文化"的育人指向。

1. 强调践行宗旨

学校的根本任务是育人，即要解决好"为谁培养人""培养什么样的人""如何培养人"的重大问题，这是学校的教育属性规定的。立德树人，是我国社会主义学校的办学方向和根本任务，学校一切工作都应围绕这个根本任务展开。

在华模已经开展、实施的各项工作，无不彰显立德树人根本任务的育人宗旨，无不体现立德树人根本任务的核心指向。学校所打造的办学特色，所追求的办学层次，所期待的教育教学效果，都是学校教育使命的初心执念、教育情怀的孜孜不倦、教育理想的不懈追寻。

"双·成文化"的创建，正是为实现办学宗旨进一步落到实处而予以文化支撑。

2. 强调全面发展

人才培养规格与要求是随着时代进步和社会发展而变化的，与时代同步、为社会所需，是学校培养目标的唯一选择和必然适从。

当今时代飞速发展，以人工智能AI为代表的互联网计算技术，正以前所未有的发展态势进入人们的应用领域。从来没有像现在这样，人的全面发展与时代需求如此紧贴。紧扣时代发展脉搏，为学生全面发展种下"时代基因"、培植"时代种子"，是学校的办学要义。

学生全面发展，既是人成长的必然要求，也是教育方针的重要指向，更是时代发展的客观需求。

所谓学生全面发展，是全体学生共同进步的群体全面发展，也是每一个学生德智体美劳的个体全面发展，更是所有学生满足时代和社会需求的角色全面发展。群体全面发展，更多的是对学校整体办学而言，个体全面发展；更多的是对学校因材施教而言，角色全面发展；更多的是对学校、家庭和社会而言。因此，学校强调落实：一是为社会所需所用而为学生全面发展落实培养措施；二是为每一位学生能够适应社会生存所需所用，并根据其自身条件进行的个性化发展的落实培养内容。

面向全体学生，为了学生的全面发展和个性化发展，是时代赋予学校的光荣任务，是"双·成文化"构建的重要缘由。

3. 强调双成奠基

学校文化的构建，一定是基于以生为本的原则，使学生在学校的发展中得到应有的成长发展，得到体现自身价值的荣耀。"双·成文化"构建的立意，是与学校多元个性发展的办学理念和立德树人的根本任务相一致的。

"双·成文化"，贵在"双"字，用"双"牵手既往，着眼当下，放眼未来；重在"成"字，用"成"概说育人内涵，表述学生成长意蕴。如果说在过去的学校发展中，已经有意识地用文化价值施加于育人过程，那么"双·成文化"的确立，将是学生全面个性成长的"'双·成'版"，有助于营造学生全面个性成长氛围，有助于强化和落实学校以生为本的管理理念及其措施，形成全面育人、全员育人、特色育人、个性育人的良好氛围，进一步扩建学生健康成长发展的历练舞台。

（二）"双·成文化"的成才特性

"双·成文化"的成才特性，既考虑到了为党育人、为国育才的共同要求，也考虑到了人有差异、各展其才的个性要求。

1. 尊重每个人个性

学生是个体的，成才也是不同的。"双·成文化"对学生成才做了科学的界定，提出个性的丰富性、发展的多元性、前景的广阔性。在成才教育中，坚持一把钥匙开一把锁。

我们认为，尊重学生个性，就是尊重学生的本体，尊重学生的全体，尊重学生的个体。

尊重学生，符合教育学原理。教育是"人学"，尊重学生，就是尊重人，尊重人的尊严，体现的是教育学以人为本的原理。

尊重学生，符合成人成才的指向。成人，是独立的人；成才，是独特的才，没有个体的成人和成才，也就谈不上成人和成才。

尊重学生，符合教书育人的主旨。教书，虽是一种传授，但必须建立在师生平等的基础上；育人，虽是一种引导，但也必须建立在互相和谐的基础上。教书育人，就是按照社会要求，实现人的自我发展和自觉发展。

当然，尊重学生不是什么人的恩赐，恰是学生拥有的基本权利。尊重学生个性和差异，正是"双·成文化"讲究成才特性的始点。

2. 跟踪记录找方法

每一个学生的成才背景是不同的，关键是找到对策。我们认为，每个孩子都是世界上独一无二的，而深入地了解其生活环境可以有效地帮助我们了解孩子的具体情况。掌握好孩子的详细情况并记录下来，做到具体问题具体分析，对其各自的性格特点、知识基础等了解清楚后，尽量有针对性地调动他们的积极性，引导他们养成学习的好习惯。根据学生的实际情况，从大处着眼，小处着手，采用学生容易理解的内容与方式，力求让学生在不同的场所扮演正常和健康的角色：在校做好学生，在家做好孩子，在社会做好公民，这是成才的奠基工程。

3. 强调适应性成才

学生，是学校的生命，也是教育的主体。学生成长，是将教育势能转化为教育动能的最终标的。面对不断变化的形势，学生必须在共性发展的基础上，实现宽一层的发展，以增强适应性，"双·成文化"提出以下三点：

——学生要有"适应性"的思维能力。教育，不是为了教育而教育，而是为了培育适应未来社会的有用之人。教给一个"知识宝藏"，不如教给一个"聪明头脑"。学生应当在学校教育中，获得一个能"开动"的头脑。

——学生要有"适应性"的情绪驾驭。现代社会的变化节奏无法预料，且变幻莫测。不论是眼下生活，还是未来挑战，学生的身心和谐发展尤为重要。学生，要有现在的成长空间，也要为未来的发展时空留有灵动空间。情感的富有，将是应对未来挑战的法宝。

——学生要有"适应性"的工具掌握。对学生而言，在学校能形成"成长链"是很重要的，而工具从另一种角度说，就是成就"成长链"的关键。思想，是工具；技术，是工具；语言，是工具；才艺，是工具。未来的发展人才，既要有人文素养的厚实积淀，也要学会各类工具的灵活驾驭。

导师制对成人成才的突出作用

导师制，是华模在育人方式改变、提升育人品质上的重大举措，也是在沪上率先进行引导学生成人成才探索的创新做法。

（一）导师制的基本内涵

导师制，顾名思义，就是为学生进行引导的专门教师。导师制，从内容范围、组织方式、人员构成等不断地渐进演绎，是华模提升育人质量和形成办学特色的重大创新。

1. 导师制的由来

华模的导师制，经历了三轮发展历程。

2007—2012年：第一轮"高中导师制"，形成个别导教策略。创建"高中导师实验班""高中全员导师制"，研制"四导内容"：导学关系建立、导学课程设置、导学形式探索、导学过程记录；教师作为"学生导师"，落实"四导任务"：心理疏导、学习辅导、思想引导和成长指导，形成个性化导教策略。

2013—2016年：第二轮"导师合作制"，研发联合导学平台。各学科导师"跨界合作"，研发联合导学"六大平台"：助教坊（师师合作）、合作社（生生合作）、自治团（师生合作）、彩虹桥（家校合作）、共建圈（学校社区合作）、生态园（社会实践导学）；完善"四导机制"：导学制度优化、导学课程规范、导师队伍重组、导学效果评价；出台"两本手册"：导师手册、导学手册。导师从"学生导师"扩展到"生涯导师"。

2017年至今：第三轮"初中导师制"，创建混龄精准导学。导师制辐射初中，探索"混龄教育"精准化导学：变革学生交往方式，年龄差异成为导学资源，生涯指导课程下沉，优化"一体化导学序列课程"，实现"混龄教育"全成长。导师由"生涯导师"深化为"人生导师"。

由此，产生了"初高中一体化导师制"，一种基于学生发展差异、成就学生个性发展、实现师生共同发展的新型育人方式。

华模认为，高初中联合导学具有以下三点优势：一是高中生的学习经验和生活经验可以给初中学生提供或正或反的经验或教训，提升初中学生对生活学习的思考力，尤其是现身说法印象具体，直接交流体会深刻；二是初中学生年龄小顾忌少，在讨论中发言更为积极主动，对高中生较为被动的心理有积极改善的影响；三是年龄差异有利于养成学生交流沟通的能力，促使其思考提升和年龄心理差异较大的人的交流沟通能力。

2. 导师制的深化

导师制，从高中到初中，实现"初高中一体化导师制"，历经以下四个发展阶段：

（1）实验阶段——"高中导师实验班"

2007年，针对传统班级建制中关注学生个体差异的不足，组建"高中导师实验班"，一个教师带2～3名学生，采用个别导学形式，对学生落实"四导任务"：心理疏导、学习辅导、思想引导和成长指导，解决学生的学业进步问题，教师成为"学生导师"。

（2）实施阶段——"高中全员导师制"

2010年始，在实验获得成功的基础上，全面实行"高中全员导师制"，研制了"四导内容"：导学关系建立、导学课程设置、导学形式探索、导学过程记录；形成个性化导教操作策略：一是开设导师网络平台，为学生提供导学资源和资料包；二是拓展人文历史文化场所作为导学资源；三是开发社会实践资源创建多个导学基地，培育学生个性发展。

（3）成熟阶段——"高中导师合作制"

2013年始，针对原有"导师制"在满足学生成长需求中导师个人思维局限、专业资源匮乏及信息渠道短缺的问题与不足，决定开展联合导学，将"导师制"深化为更高层次、更为广阔的"导师合作"交流与协作平台，研发出联合导学"六大平台"：助教坊、合作社、自治团、彩虹桥、共建圈、生态园；出台"两本手册"：导师手册、导学手册；完善"四导机制"：导学制度优化、导学课程规范、导师队伍重组、导学效果评价，为学生的全面发展服务，导师角色从"学生导师"扩展到"生涯导师"。

（4）精准阶段——"初高中混龄导师制"

2017年始，为突破导师制在推进中存在的初、高中差异问题，导师制辐射到初中，探索初高中一体化"混龄教育"的精准导学，优化"导学序列课程"：一是优化纯适应高中的生涯课程；二是调整纯适应初中的活动课程；三是增加初高中联动、促进学生身心健康发展的导学课程。初高中一体化的共建、共享和混龄状态，实现了教育资源的均衡发展。导师角色由陪伴学生成长的"生涯导师"，深化为关注学生终身发展的"人生导师"。

3. 导师制的作用

导师制，牵一发而动全身，产生了多重价值。

（1）理念创新——率先首创初中导师制度，为初高中衔接育人闯新路

首创上海市独家"初高中一体化导师制"，充分利用完中优势探索

"混龄教育",借力初、高中生年龄差异资源,以大带小,将年龄的落差转化为彼此教育的"窗口",将不同的基础转型为借鉴的"标杆",开创了导师"共享"、混龄"同窗"、教育"开眼"的精准化导学,达成教育资源组合发展效应的最大化,凸显理念创新。

(2)路径创新——生动演绎课堂外之精彩,为课内外协同育人架桥梁

通过信心激励、方法改善、资源重组、制度优化的多样化导学路径来关注学生个体差异,促进学生个性多元发展;在具有变革意义的组织形式中刷新了中学师生交往方式,打造出一种全新的生生、师生、师师以及家校合作、协同育人的和谐人文生态,凸显路径创新。

(3)机制创新——无缝对接育人方式变革,为落实核心素养育人创特色

从形式普通、内容单一的初创期"导师制",到性能整合优化、效能整体提升的成熟期"导师合作制",再到探索"混龄教育"精准导学的"初中导师制",将个性教育的基点融合成整体育人的机制,创建了师生共同发展的学校最佳教学资源组合与全新育人机制,无缝对接综合素质教育与核心素养培育的要求,凸显机制创新。

(二)导师制的实现方式

导师制的实现方式,遵循教育规律和育人规律,从意识到内容到组织等,都产生了效果和成果,积累了极为重要的经验和主张。

1. 导师制的价值

导师制,为完全中学的精准育人提供了完整的思路。

(1)"初高中一体化导师制"是因材施教从理想落地现实的"阶梯"

因材施教,是精准育人的理想境地。"初高中一体化导师制",将因

材施教从"飞翔"姿势调适为"落地"状态，从高悬的"憧憬"变为实际的"运作"，从学校的"倡导"变为教师的"行为"，这是对新形势下中学阶段实施因材施教的创新开掘。

（2）"初高中一体化导师制"为个性化教育设立展示特色的"平台"

个性教育是学校长期需要破解的命题。学校独创"导师'共享'、混龄'同窗'、教育'开眼'"的"混龄教育"，关注学生个体差异，促进学生个性多元发展，精准点到了教育的"穴位"，在具有创新意义的组织形式中更新师生、生生交往的方式，为中学探索特色化的办学思路提供了发展思路。

（3）"初高中一体化导师制"是立德树人、学生自主发展的"载体"

"初高中一体化导师制"的探索与实践，切实提高中学生的"双通"素养，培养学生的通用能力，带动学生的通识教育，为学生自主发展奠定了坚实基础。

（4）"初高中一体化导师制"是学段连贯、教育整体育人的"系统"

"初高中一体化导师制"从高中辐射到初中，以初中导师制探索"混龄教育"，是学校在上海市"初中再加强工程"中进行的实验和示范探索项目，将个性教育的基点放在整体育人上，使成人成才的教育更具示范性。

（5）"初高中一体化导师制"是课堂内外、家校融合育人的"时空"

导师，可以是在校教师，也可以是社会专家，还可以是有一技之长的家长，导师的多元化壮大了导师队伍，丰富优质的教育资源使育人成为全社会的共识和各行业的共举。

2. 导师制的推广

"初高中一体化导师制"，在具有变革意义的组织形式中创新了初、高中学生交往的方式，突出彰显学生的个体与个性发展，为深化素质教育、加强综合素质培养提供有效途径；17年来，随着"初高中一体化导师制"在教育界的影响力不断提升，先后有来自广东、福建、浙江、安徽、湖南、江苏等31个省市到华模跟岗培训、交流研修的教师或管理骨干多达900多人次。他们深入教育教学第一线，对"初高中一体化导师制"进行实地观摩、小组交流和研讨等活动，都表示我校导师的导学风格、特色和新课改的理念及"一切为了学生发展"的做法给他们留下了深刻的印象。可以说，"初高中一体化导师制"，为中学教育的改革与发展提供了有价值的实践案例与经验范式，为上海乃至全国的同类学校探索特色化、多元化办学思路提供了良好的示范。

同时，这项基于中学遇到的共同问题所做出的积极探索，基于教育规律所做出的创造性成果，基于研究实践所得出的有益结论，具有普遍适用的价值，其做法和经验可复制、可再生、极具推广价值。

（三）"双·成文化"视域下导师制的感悟

"双·成文化"为导师制的内涵深化提供了思想基础，为导师制的多元视角提供了辩证维度，为导师制的意识再造提供了精神支撑。

1. 强化导师制的使命自觉

"双·成文化"为教师集中思考导师制创设了新的视角和平台。我们认为，"双·成文化"强调教师要努力成为能够担任学生学业导师和人生导师的"双标配"教师。虽然华模初中有极具特色的导师制方式来帮助部分品学兼优的孩子更上一层楼，但是实际上，在校园中每个教师都承担着学生学业导师和人生导师的职责，教师不仅在课堂上负有传道授业解惑的责任，更在广阔的日常"课堂"——和学生朝夕相处中一个个具体情境中承担起孩子人生导师的重任。前者是显性的，后者是隐性的；

前者是有意识的，后者往往发生在无意识的言行中。我们理解的"双·成文化"，提醒我们不仅要做好学生的学业导师，在专业上精益求精、不断提升，更要重视做好学生人生的导师，为世界观、人生观、价值观还在不断形成中的学生做好榜样和引导作用，使他们成才成人兼备。有一位教师谈道：在刚刚毕业的初三这届学生中，我们班级有一个学习成绩特别优异的学生小C，和其他孩子相比，小C同学在学习上自我驱动力很强，有超出绝大多数学生的自律和进取精神，自觉的学习态度和优异的成绩使得她获得学生的认可和教师的欣赏。但是看似完美的学霸身上也有隐秘的小心思，小C重视学业成绩，带来的另一个弊端就是过于注重自己的学习，身为班长和课代表，她经常把班级工作和课代表任务转交给其他同学，不太愿意奉献自己的时间为班级做贡献，说实话，如果没有合适的理解引导，孩子也很容易走向精致利己的道路。一个孩子，成才固然重要，成人方是根本。为此，借着学雷锋日的活动契机，我们举行了班级的主题班会，说说班级里那些值得感谢的同学，同学们纷纷把平时愿意为班级做贡献的孩子的名字说了出来。课后，我又单独找小C同学交流，围绕学力和能力、获得与回报等和她进行了个别交流，启发她认识到提升学业虽然重要，但是一个人全面发展从长远来讲更不可或缺。在教师的教育引导下，小C同学认识到了自己的问题，并在行为上发生了明显的改变。

我们认为，"双·成文化"是为了更好地培养学生服务的，是学校的文化，它融化"五育"内蕴、围绕育人根本、提升办学特色的办学灵魂，是全面发展核心素养的校本化贯彻与实践的育人工程和办学策略。"双·成文化"是树人工程，在工作中，边学习，边实施，在实践中整改和提升。"双·成文化"强调学业导师、人生导师的"双标配"。学业导师，引导学生学会学习，运用学习，发展学习，具备终身学习的能力；人生导师指导学生认识人生，理解生活，规划人生。学业是学生的立身之本，人生是人的一生，了解自己，认识自我，发展自我；所有的一切尽在自己的把握之中。具有预备准备、着眼发展的能力。

2. 加深对教师职责的认知

"双·成文化"及其对导师制的演绎，对教师进一步认清职责起到了催化作用。有的教师说，学校对导师制进行了深化拓展，因而教师与学生关系不单单停留在课堂教学、学业的传授上，更重要的是指导学生认识人生、理解生活，学会规划自己的未来，成为他们的人生导师，做好育人的职责。而想要对学生未来职业发展有一个更有效的指导，这就要求教师要拓展自己在生涯职业教育领域的知识，关注社会专业发展动向，关注学生自身发展特点，进行个性化的指导。而要想做好对学生学业和人生的指导，教师首先要做好榜样，严格要求自己，让学生信服，从而自我约束。另外，既然学校新一轮的发展规划也是面对如今高中"双新"课程改革下所做出的调整，那么身为华模的教师更应该积极主动地投身到课程改革之中。面对新的形势、新的教学任务，教师必须深入课程探究，不断拓展自己的专业知识，结合校情和学情做出适合学生的课程方案。

许多教师则从不同角色做了思考：在教育工作上，可分为班主任与导师工作。首先，每一位教师都要以身作则，为学生树立榜样，营造良好的环境文化。作为班主任，要督促好学生，每一位同学都要遵守校规班规。以立德树人为根本，班主任可以利用班会课时间进行正式的点评，包括班级整体情况与个别表扬鼓励。班主任要做好班级文化建设，通过班规、班集体活动、班级仪式等，培养学生的班集体归属感，逐渐形成自己的班级文化，营造良好的班级环境与氛围，通过环境文化达成育人目的。其次，除了班集体建设外，班主任对于学生个体也要给予一定关心，了解学生的个性化需求与特点，帮助个体成长。在华模，导师这一制度也是教育的一个重要途径之一。导师与自己的导生之间可以有更加深入的了解，通过生涯测评、导学课、研究性学习等活动，导师能够更加了解学生的个性，从而对每一位学生有更针对性的指导，帮助他们选择更适合的未来发展之路，更好地融入社会，实现进取人生。

第四部分

教学重构·关键领域

教学，是学校教育的核心地带，也是学生汲取成长营养的主要途径。教学重构，旨在提质增效。

指向"双·成文化"创建的
教学观重建

用什么样的教育思想、教育方法去教学，这是摆在教师面前的现实课题，也是提高办学质量的关键所在。

"双·成文化"的研制成功，为学校教学的意识转变、形态转型、业态转化提供了强大的思想武器和行动指南。

华模充分利用"双·成文化"的资源，以《指向"双·成文化"创建的中学教学及评价深度变革的行动研究》为主线，在教学领域进行了卓有成效的探索和实践，取得了积极效果。

（一）"双·成文化"为正确的教学观"明镜"

教学，是教师的本行。对教学观，对教师并不陌生。正确的教学观需要正确的思想指引。

"双·成文化"的建立，为教师教学观的立意、寓意和深意的理解拓展提供了演练的"战场"与"磁场"。

1. 在"双·成文化"背景下重新认识教学

学校新一轮发展提出了"双·成文化"方略，其总体目标强调：精致办学、精彩教育、精准育人。恰逢高中新课程新教材的实施，同样要求转变未来育人方式，实现高质量的教育。对学校、对每位教师而言，这是一次挑战，也是一种机遇。我们也要积极思考，如何来变革课堂教学，努力实现"精彩教育"的目标。

当"双·成文化"成为一种必然，尤其是成为一种趋势的时候，重新认识教学具有先导性的意义和破解性的价值。

教师每天从事的都是教学工作，如何使教学产生高度、厚度和深度，是值得思考的。这样的思考，当然要围绕新时代、新背景、新任务，还要借助新思维、新技术、新方法，要从了解学生认知需求中找到先导性的意义，要从教育规律中找到破解性的价值。

"双·成文化"，为教师重新认识教学，提供了"窗口"，这是机遇；提供了"维度"，这是更新；提供了"利器"，这是方法。

在"双·成文化"背景下重新认识教学，这是文化对教学观念改变的拉动，也是文化对教学形态改变的推动，更是文化对教学高质形成的带动。

"双·成文化"让我们思考在教学中如何实现学科学习能力和通用能力的双成。

2. 在"双·成文化"背景下注重教学立意

"双道至简，成势求精。""双·成文化"可谓意蕴丰厚。

"双"，是内容的双重，是结构的双元，思维的双轨，在"双"字上积文化底蕴；"成"，是成功的演绎，是成就的演习，成就的演练，在"成"字上通未来之路。"双·成文化"就是本校的特色文化，具有鲜明的华模特性和独特的华模个性。"双·成文化"提出了有价值的办学理念和发展愿景，与"双通道"的办学模式创立时的探索精神和发展韧劲一脉相承。

这里以体育教师为例。作为体育教师，需要转变教学观念，正确认识体育教学的价值。从课程的相关内容及相关要求出发，摒弃传统的中学体育教学观念，树立科学的、合理的体育教学观念，充分地认识到体育教学的价值，进而积极有效地开展中学体育教学，促进体育教学水平的提高，并有效地落实到实际教学中，实现体育教学的改进。在当前新课改的全面推进下，不仅注重学生的身体健康，更要注重人文教育思想在体育教学中的重要性，将人文思想贯穿于教学的整个过程是和谐社会发展的必然趋势。以人文思想为契机，提高学生体育锻炼的兴趣，将体育教学从单一的评价体系向复合型评价体系过渡，实现以人为本的体育教学目标。

同时，教学要有立意，立意的高度决定着教学的效率与温度。教学的立意来自更高层的设计与规划。站在"双新"实施的当下，我们正迎来教学的升华，牢记立德树人、透析课标导向、渗透核心素养、砥砺特质教学、探索个性育人，这是我们出发的起点。对于现代社会新教育的发展来说，体育教育除了向学生传授体育的知识、技术及增强他们的体质外，还要把道德品质教育、终身体育思想教育、美育教育贯穿始终，把育人放在首位，这个时候"双·成文化"就显得尤为重要。"双·成文化"是哲学思想，是教育原宿，是伦理回归，也是人文情怀。讲文化、讲文明、讲大爱、讲自爱，讲生活本身的真谛，从而导向求真、向善、尚美。在全新的"双·成文化"理念的导引下，教师用开阔的视野、鲜活的思想、有效的方法来解析内容、设计教学、实施课程、反思教学、评估学习。让学生在运动的过程中，除了拥有高水平的体育技能，还能具备优秀的道德品质和坚毅顽强的个人品质，使学生成为高素质人才。

3. 在"双·成文化"背景下注重角色转变

不少教师通过学习"双·成文化"，对教师在教学中的角色理解更为深刻。"双新"改革推进中，教师不仅应由教学的管理者转变为学生发展的引导者、合作者，更应该具备现代观念和教育素养。新课标的实施，使传统意义上的教师的"教"与学生的"学"，将不断让位于师生互教互学、教学相长，彼此将形成一个"学习共同体"，教学过程不只是忠实地执行课程计划的过程，也是师生共同开发课程、丰富课程的过程。

教师在课堂上要善于观察学生，根据学生不同的领悟力、不同的学习力，采取不同的教学方法。同时，要注重与学生间的纵向交流。要建立一种平等、民主的师生关系，就是在与学生的交流中找到学生的需求点，从而按需施教，找到更好的教学内容和方法。有的学生是很有思想的，通过与他们建立畅通的联系，可以互相取长补短，发挥集体的力量。

"双·成文化"理念要求教学以生为本，注重学生始终是教学的主体。"双成"理念要求教师在教学中发挥主导作用。教师要做好课堂教学的"导演"。作为"导演"，教师要合理组织和管理好课堂教学，有效地激发和调动学生的学习兴趣和积极性，活跃课堂学习气氛，提高课堂教学效果，保证课堂教学管而不死，活而不乱。

学生作为课堂教学的主体，既要当"听众"，更要当"主演"。学生作为"听众"，要认真从教师的教学中接受教育，主动同教师讨论和交流学习体会。作为"主演"，要在教师的"导演"下，主动参与到教学中来，主动思考问题、提出问题、回答问题、解决问题；或走上讲台讲课，或发表演讲，或展示自己课件与作品，以此增强自我学习、自我教育、自我管理的能力和主人翁意识。

（二）教学观重建的探索心得

教学观的重建，尽管点点滴滴，但货真价实，在课堂教学中实实在在地发生，并产生了具体的效应。

1. 力透教程的价值渗透

以往的教学，比较注重教学内容、教学方法和情景设计，在乎流程的舒畅、课堂的氛围，当然这都没有错。教学的意义仅仅是这些吗？经过对"双·成文化"的学习和理解，许多教师对教学的地位和作用有了新的认知，体现在对教学观重建的思维角度和高度。

"双·成文化"的架构，从本质上看是文化的再生，其中蕴含的价值、价值判断、价值取向，则是更有意义的。

在教学中，注重价值，注重价值的建构和价值传递，已成为许多教师在教学中蕴含的"符号"。

重建的教学观，强调价值导向、价值引领、价值建构、价值取向、价值获得。这打破了狭窄的教学观，体现了教学意义的宽泛性，也增加了教学的深意。

重建的教学观，让教师想到教学的本义，也想到教学的深义，做好眼前的教学，也前瞻学生的未来，更注重教书育人的完美实现。

2. 人文素养泼洒精彩

"双·成文化"，让教师对教学充满诗意，仿佛插上了想象的翅膀。首先，学校的一位地理教师曾这样形容并展现了浸润"双·成文化"意味的地理教学的模样：诗话地理——"让有神采的地理教育成为学生的向往"。

中学诸多学科之间是相互开放的，教师在教学过程当中发现，学生对某一学科某个知识点的掌握程度往往与其他学科相关知识点的掌握程度存在很大关联。地理是一门综合学科，如何在高中地理教学中将古代诗文与相关教学内容结合，我觉得值得研究和实践。

在我国古代诗歌中，不乏描述地理地貌、地理景观、地理原理、地理规律的名诗佳句，在教学中适时引用优美的诗句，不仅能激发学生强烈的学习兴趣，培养学生抽象、概括、判断、推理及文学欣赏能力，而且用诗词来说明某些地理问题，能给学生以美的享受、陶冶学生的情操，使学生亲切地感到地理知识就在身边，培养学生热爱地理科学的情感。

地理新教材中也有古诗词的引入，如《必修一》54页阅读材料《巴山夜雨》，就以唐朝诗人李商隐的《夜雨寄北》引出对大气热力环流中山谷风的知识介绍。在新教材培训《大气受热过程与运动》的教学设计中，也尝试以诗歌《秋怀》入手，引导学生解读诗歌，说出其中反映的地理现象：城市比乡村气温高，进一步启发学生用大气受热过程等相关知识来解释"城市热岛"形成的原因。

在"双成文化"方略的引领下，学校地理组教师从收集网络上现有的诗话地理微视频入手，结合高中地理教学内容进行整理、编写相关学案和知识解析，体现出文学、地理、历史等学科的融合，科学性与艺术性的融合，为地理知识的学习插上诗意的翅膀，更好地培养学生的人文素养。

其次，地理教师也形容并展现了浸润"双·成文化"品位的地理实验的模样：地理实验——"让有精神的活动成为学生的乐园"。

考察、实验、调查等是地理学中极为重要的一系列研究方法，也是学生学习地理课程的重要学习方式，在地理学习中，充分运用这些研究方法，有助于提升学生的地理意识和行动能力，更好地帮助学生在真实的学习情境中，充分观察地理环境，以及深刻感悟环境与人类活动的密切关系。

地理实验教学法是指学生在教师指导下，通过实验得出结论，从而完成既定学习任务的教学方法。实验教学的实施可以解放学生的头脑，使他们能想；解放学生的双手，使他们能干；解放学生的嘴，使他们能说；解放学生的耳朵，使他们能听；解放学生的时间，使他们有空闲来消化学问，并且学一些自己渴望的学问，干一些自己想干的事情，彻底还学生一个广阔的思维空间，少限制，发扬自主、强调个性，从而培养学生的创造意识和创造能力。

例如在新教材培训《热力环流》的教学设计中，设想课前学生在教师辅助下，自主设计并进行实验探究，准备实验装置，拍摄实验视频，培养学生地理实践力。学生通过观察描述实验现象并思考得出实验结论：通过实验证明，由于地面的冷热不均而形成了空气的环流运动，即热力环流。在新课教学中，展示学生的实验视频，为进一步深入研究热力环流的原理打下良好的基础。课后，学生可以结合所学知识，利用热力环流的原理来制作"走马灯"。通过实验教学，用启发引导的方式，开启学生认知的智慧和渴望学习的火花，打开学生遐想的空间，把书本知识转化为能解决实际问题的能力，能拓展知识生成新知识的能力，真正实现"点化开智、转识成能"的学校"双·成文化"课程理念。

最后，地理教师对浸润"双·成文化"品貌的地理信息技术的模样也做了如此形容：地理信息技术——"让有出彩的教学成为教师表演的舞台"。

随着国家信息化的发展，我国对信息技术的应用越来越广泛，信息技术已经渗透到国民的日常生活当中，地理信息技术的应用也越发成熟。在新的地理课程教学中，地理信息技术已经纳入了中学地理教学的必修内容，通过地理信息技术在地理教学中的应用，可以将枯燥的地理知识变得生动形象，提高学生对地理学科的学习兴趣和学习积极性，提高地理教学的质量和学习的效率。

如地理信息系统（GIS），是以地理空间数据库为基础，利用计算机技术和网络平台，对地理空间信息进行采集、分析的技术系统。以GIS为主的地理信息技术是一种重要的教学技术手段，具有直观性、交互性和沉浸性等特点将其应用于教学中，有助于提高学生系统认识地理事项，以及策划、实施等行动能力，且有助于教师通过技术操作的"体验式教学"发挥引导作用，为地理教学开创一个崭新的育人环境。

再如地理新教材培训中介绍了利用三维 GIS 观察冲积扇地貌形态的教学活动案例：从活动准备下载安装三维 GIS 软件（如图新地球、谷歌地球等），到活动过程：观察遥感影像、绘制冲积扇剖面图，最后探究冲积扇对人类活动的影响。该课堂实践活动利用三维 GIS 的虚拟和分析功能，模拟野外地质地貌考察活动，层层递进，有机渗透了区域认知、综合思维、地理实践力和人地协调观的核心素养培养。

在地理新教材中设计有 20 个地理信息技术教学的相关活动内容，因此，作为教师，我们要努力掌握好地理信息技术的手段，熟练地应用于地理课堂，团队合作精心设计教学活动，让课堂更加精彩。

二

建构从学科知识走向
"三位一体"的教学形态

从学科知识一维走向"三位一体"的教学形态,"双·成文化"的建立无疑为这种形态的从认定到认、遵从提供了最好的依据。而"三位一体"教学形态的丰满和成熟,正在成为课堂教学的生态。

(一)"双·成文化"对教学形态重整的引领

1. 对教什么的清晰认知

在教学中,究竟教什么?这不仅是理论问题,也是实践问题。"双·成文化"的内涵表述,让教师理解多了一种武器和指南。

我们认为,"双·成文化"注定为学校发展提供定力,为师生成长发展输送养料。作为一线教师,如何以学校的"双·成文化"为契机,主动作为,实现自我价值的追求呢?

从20世纪60年代以来,教学目标经历了如下演变:"三大能力""素质教育""三维目标""四基""核心素养"。提倡"核心素养",要求我们为发展学生的核心素养而教。核心素养的内容规定性,应当成为教学的立足点。培养核心素养的终极目标是:使学生会用辩证的眼光观察现实世界,会用立体的思维思考现实世界,会用适当的语言表达现实世界。根据核心素养的要求,我们认为学科教学应该教理解、教思维、教思想方法。

教理解——教师在教学时通常出现下列错误倾向：快速教学相关概念、原理等新知内容后，就进行大量机械重复训练或题型归类训练。但是，如果不是真正理解，碰到没见过的题，学生往往就会束手无策。教学需要揭示数学本质：变"单薄"为"厚重"。只有理解公式定理的来龙去脉，理解公式定理的本质，才能避免"题海战"。

教思维——一是概念教学渗透思维。教师要设计体现概念本质的一些问题，以帮助学生理解概念的内涵与外延。二是变式训练拓展思维。提高问题解决的参与感。三是一题多解活跃思维。对于一些经典问题，教师要注意引导学生一题多解，激发学生兴趣，这样学生就会思维活跃，思路开阔。

教思想方法——各个不同的学科，具有不同的思考方法。如高中常见的数学思想方法有：数形结合（抽象与直观）、函数与方程（动与静、等与不等）、分类讨论、化归思想（转化与归结）。高中数学中解题的本质，是化生为熟、化难为易、化繁为简、化杂为单、化抽象为直观、化一般为特殊、化不等为等、化动态为静态、化乱为谐。在解题中常用的工具性知识有坐标系、向量、基本量等。解题中常用的方法主要有消元、换元等。转化思想是日常生活与学习中运用广泛的思想方法，转化思想是有效解决问题的基本思路和常用的重要途径，历史上极为著名的曹冲称象、司马光砸缸等故事，都是运用转化思想突破常规取得成功的典型案例与策略。

2. 有人文气质的教

以人文素养主导课堂教学，这是"双·成文化"催化下展现的新气象。

有一位语文教师说，学习"双·成文化"方略，对其核心内涵有了清晰的理解，其中对于"成人成才蕴人文"这一点进行了认真思考，面对高中学生，在他们的学习成长历程中，人文情怀、人文精神、人文素养、人文生活是他们成人成才的标配及成熟的体现，如何在语文教学中更好地培养学生高尚的人文情操，发展高雅的审美情趣，应该是值得积极探索和实践的。因此，回顾新教材背景下，这两年来的语文教学实践中对于培养学生人文素养始终是教学中必备的元素，这也契合了学校"双·成文化"理念。

有一位历史教师举例说，高二下学期在教学实践中有一个主题为"历史人物纵横谈"的单元研习任务单，旨在引导学生梳理历史人物生平，把握其人生境遇，分析其成败得失；学习从历史角度客观辩证地评价历史人物。更关键的是这样的主题交流对于落实人文主题，把握人物的精神品质，从历史人物身上获取精神力量有着积极的作用。虽然课时很紧，这样的活动会很费时，但是如果能够从走近历史人物的过程中，在榜样的力量的感召下，让学生的人文情怀得到彰显那就不无裨益。于是有序地开展了这项活动，要求学生从高一高二教材中学习或接触过的古今中外历史人物中选择一位（也可以选其他人物），谈谈你对其的认识和评价。所选人物有李白、杜甫、苏轼、项羽、刘邦、孔子、老子、庄子、司马迁、屈原、苏武、毛泽东、鲁迅、苏格拉底、陆游、辛弃疾等。要求学生在史料阅读的基础上，形成对人物的认识和评价。这样的主题交流活动可以说是全员参与，同学们的积极性很高，每位学生都很珍视自己评价的历史人物在课堂交流与分享的这次机会，通过交流大家获得了启示和借鉴。此次活动的成果以PPT的形式展现，学生准备素材、梳理人物生平、思考人物精神品质、评价人物人生态度的过程，就是对于榜样的力量的汲取和高尚人文情操的萃取。这是同学学习过程中有意义和价值的学习印记，也是学生成人成才路上的美好回忆和收获。

除此以外，在高一学习了现代诗歌后开展了以"青春"为主题的新诗写作，"诗是文学的精华，一切纯文学都有诗的特质"，丰富多彩的生活成为创作诗歌的源泉，把握时代脉搏，体会时代精神，关注生活，关心时事，充满人文情怀地将自己的青春通过诗歌表达出来，就是在培养学生良好的人文素养和美好的人文生活。通过写青春之诗，让学生更诗意地理解青春的内涵，理解青春是用来奋斗的，青春的飞扬是追寻幸福人生，实现人生理想的积极体现。这也不正是成人成才蕴人文的体现吗？

（二）"双·成文化"背景下"三位一体"的走向

"三位一体"的教学形态，使课堂的质量提升、内涵深化、外延拓展。

1."三位一体"的设计价值

学科知识、学科思维、学科教育"三位一体"，让教师形成优质的课堂教学找到了方向，并将学科知识教学拓展到学科思维和学科教育。

实现学科知识、学科思维、学科教育的"三位一体"，一是要梳理学科知识，建立学科思维、学科教育实施的基本框架和思路。学习活动的设计和实施是基于单元整体的，针对的知识与内容架构是由浅入深的，对于学生核心素养水平的要求是逐步提高的，即以学生已有的学习经验和核心素养水平为基础和前提发展下一层次的核心素养。具体在学科思维方面是以批判性思维和创新思维能力为最终指向的，在学科教育方面是以学科实践为途径实现学科育人价值。

二是要解析学科思维，构建深化学科思维的教学方法和策略。批判性思维和创新性思维能力是思维品质核心素养中最高阶的思维能力，它的发展是建立在比较、分析、推断、归纳、建构、辨识、评价等思维能力之上的，并需要一个漫长的过程。如在"双·成文化"理念的引领下，部分教师开始在英语教学中引入思维训练，并指向批判性思维和创新性思维能力，对思维能力的要求由"低阶"循序渐进地转入"高阶"。只有将学科思维品质的培养最终指向批判性思维和创新性思维，才能培育出具有高阶思维能力的符合时代要求的尖端人才。

三是要立足学科实践，发展学科核心素养，彰显育人价值。"双·成文化"理念下育人方式的转变，正是从以教知识为主转向在学科实践中发展学生的学科素养。教师可根据教学内容和育人目标为学生创设真实语境，使语言交际活动更具实际意义，使学生通过角色扮演、活动体验（如课本剧、配音、演讲、歌曲、对话、制作海报等）等内化所学知识，领悟育人价值，做到向学生传递积极价值观。这种积极价值观不仅仅指对文本解读能力的提高，更是指从内化于心到外化于行的转变。

2."三位一体"的形态策略

"三位一体"的教学形态，对教学产生了多维视角和多重触角。

在"双新"教育改革全面实施的背景下，"教读—自读—整本书阅读"三位一体的阅读教学体系已成为当前初中语文阅读教学的基本模式，"名著阅读课程化"的理念也成为部编教材的一个新亮点。我们认为，"名著阅读课程化"的实施不仅应帮助学生获得相关的学科知识，即了解并掌握关键性的名著知识点；更重要的是"授之以渔"，探索构建从学科知识走向学科知识、学科思维、学科教育三位一体的整本书阅读教学形态的有效策略，形成一些有助于提升学生语文素养、培养健全人格的方法经验。

一是以结构化任务设计推动整本书阅读，促进学科知识和学科思维的同步提升。以结构化任务设计推动整本书阅读教学，即聚焦学习目标，设计核心任务，并逐层逆推，完成核心任务所需要的各项子任务。在一个核心任务的引领下，有机地构建与整合若干具有逻辑关联的子任务，引导学生在逐步解决任务的过程中有效把握知识内容，获得适切的阅读路径与方法，提高阅读能力，达成学习目标。同时，通过探索这种以学科知识和学科思维同步提升的新型教学形态，提升整本书阅读教学质量。如《红星照耀中国》是美国记者埃德加·斯诺的一部纪实性文学作品。基于导读要求，核心问题可设计为：一个美国记者写一本报道红色中国的书，他想表达什么？并将其转化成核心任务：请学生代作者为书重拟一篇自序。接着，可把核心任务拆解成若干个具有逻辑关联的子任务，子任务的设计需要依托问题链：探寻红色中国的原因是什么—探寻红色中国时的主要采访经历有哪些—对主要采访的人物和事件的思想情感是什么—书名的变化中蕴含着作者对红色中国的评价与展望是什么。然后，将问题链转化成任务链：制作读书卡片—梳理采访轨迹—分类重组取名—比较书名差异。最后，继续拆解子任务，如设计"分类重组取名"的子任务后，引导学生进一步细化：分类重组章节—推断思想情感—用限定语为人物或事件命名—阐述命名理由。以结构化任务设计推动整本书阅读是一个进阶的阅读过程，前一个任务是后一个任务的完成条件，后一个任务是前一个任务的完成结果。在这个环环相扣、层层递进的任务驱动过程中，学生能更全面地掌握名著知识，理解主要内容，构建整体性阅读框架，并激发头脑风暴，推动思维深入，在不断地思考与实践中，培养学科思维和能力，促进学科知识与学科思维的同步提升。

二是挖掘整本书阅读中的育人资源，实现学科知识和学科教育的相互交融。学科教学的育人价值在于学科知识学习和育人价值培育的互融互通与交相辉映，实现立德树人的根本任务。语文学科因其人文性与工具性相结合，历来被视为育人的主阵地，整本书阅读教学同样应彰显并落脚于育人价值的培育。应聚焦育人目标，从语言本体价值、语言文化价值、生命发展价值三个层面挖掘整本书阅读教学中的育人资源，实现学科知识和学科教育的相互交融。

三是立足语言的本体价值。如阅读《艾青诗选》，可以开展艾青诗歌朗诵会，交流阅读体会，撰写读后感等；阅读高尔基的《童年》，可以组织学生自选小说中的某些片段改编成课本剧并进行演出；阅读《鲁滨孙漂流记》，可以依据小说内容、人物形象、创作背景等完成一篇鲁滨孙小传并制作成小报。总之，教师基于语言本体价值充分挖掘名著中的育人资源，开展丰富多彩的听说读写活动，能提高学生的阅读兴趣，更能增强学生对祖国语言文字的运用能力。

四是着眼语言的文化价值。语言文化价值包括语法规则、句法特点、思维方式、语言表现力等，对于提升学生的审美与鉴赏能力功不可没。如《水浒传》中不少生动细腻的描写值得细细品读，在"鲁提辖拳打镇关西"一节中，"三拳"堪称妙笔！第一拳从味觉设喻："似开了油酱铺：咸的、酸的、辣的，一发都滚出来。"第二拳从视觉设喻："似开了个彩帛铺：红的、黑的、绛的，都绽将出来。"第三拳从听觉设喻："似做了一个全堂水陆的道场：磬儿、钹儿、铙儿，一齐响。"三句话将郑屠被打的惨状展现得有声有色，将鲁智深的力大勇猛和疾恶如仇淋漓写出。着眼语言文化价值挖掘育人资源，可培养学生对语言的审美与鉴赏能力，提升语文素养。

五是关注生命的发展价值。如《鲁滨孙漂流记》中，鲁滨孙面对绝境始终不屈不挠、勇敢坚强、积极乐观，他用自己的双手和智慧不断地创造新生活，最终不仅摆脱了困境，还成为小岛的主人并成功回到了故国。这样的冒险故事很受中学生喜爱，同时鲁滨孙的精神也颇具鼓舞力量。

总之，以结构化任务设计推动整本书阅读，立足语言本体价值、语言文化价值和生命发展价值挖掘育人资源，构建从学科知识走向学科知识、学科思维、学科教育三位一体的初中整本书阅读教学形态的策略，不仅能帮助学生更好地掌握学科知识，培养思维能力，提高学科素养，还能促进对学科教育的认识，涵养精神气质，助力生命成长。

开展从学科育智走向
"五育"并生的教学实施

学科育智，仅仅是教学的一种功能，但不是全部功能。"双·成文化"的辩证思维，对学科走向"五育"并生做了理论指引和观念引导。从学科育智走向"五育"并生的教学实施，是"双·成文化"在教学提质上发力的真实体现。

（一）"双·成文化"对"五育"并生的理性提携

"双·成文化"基于立德树人，揭示全体学生全面发展的内涵，对"五育"并生提供了理论支撑。

1."五育"并生成为教学之舵

德、智、体、美、劳皆为生命发展的构成要素，每一育都不可或缺。"五育"如同车轮，以人的发展为轴心，以活动为辐条，任何一育都不能独立存在。

我们认为，在"五育"融合的背景之下，教学要有定力和张力。这里以高中英语教学在课堂中融入"德智体美劳"五大教育因子为例，阐述"五育"融合之道。

一是落实立德树人、彰显德育本色。德育是"五育"的核心，对学生的健康成长起着举足轻重的作用。英语作为教育学科的主要科目之一，更应在日常教学中注重德育培养，落实立德树人。以《必修二》Unit 2 Reading A: *Zoos: Cruel or Caring*？为例，该篇讲述了作者与朋友一起参观动物园，并由此展开对动物园存在意义的思索与探讨。教师在课后引导学生思考动物的生存权利是否应该得到维护，并鼓励学生就自己的观点写一篇作文。此任务有利于激发学生关爱动物，引导学生以正确的态度和方式与自然界的动物和谐共存。

二是立意学科素养、提升智育水平。智育致力于知识积累和形成科学世界观、发展认识能力和创造能力的过程，是"五育"中不可或缺的一环。因此教学过程中要格外重视"四环节十六字"，鼓励学生课前预习，上课认真听讲，按时完成作业，及时回顾复习，真正落实"读查思问、听记说练、温纠习疑、忆理联研"，在夯实学生文化基础的同时，培养学生良好的学习习惯并提高他们的自学能力。在英语学科中，单词的重要性不言而喻。要解决问题，就需要鼓励学生进行长期的阅读和持之以恒的单词背诵。教师要求学生每日进行单词打卡，并为学生提供一些课外外刊及国外播客资源，为学生日常的积累和知识面的扩展打下良好的基础，确保学生日后更高效的英语学习。

三是关注身体健康、培养体育意识。体育不仅能锻炼学生身体，还能磨炼学生的意志，培养学生拼搏进取的精神。因此，在英语教学中激发学生的体育意识也十分重要。在世界杯举办期间，教师紧跟热点，为学生选取了一篇适合的外刊文章：*EXPLAINER: Qatar's vast wealth helps it host FIFA World Cup*，并以学生支持的球队为话题进行引入，激发学生的阅读兴趣。在阅读文章之后，学生不仅掌握了更多体育相关的词汇，而且培养了他们对体育的热情。在日后的课堂教学中，教师也会试图扩展课堂场地，尝试从固定的教室走向室外，如操场、博物馆等，利用宽场域的教学环境激发学生的英语学习兴趣。

四是加强美育学习、增强美育熏陶。审美教育不仅仅是音乐美术等艺术类教育，还应当是渗透到各个学科的综合教育。英语是一门融合了多民族、多国家的语言，不仅有着独特的节奏美和韵律美，而且单词与句子有着变化万千的轻重音和升降调。以《必修二》Unit 2 Listening and Viewing中的歌曲鉴赏为例，课本为学生提供了 *What a Wonderful World* 一曲，学生不仅赏析了歌词，还体会了其中的韵律美。在听力练习后，教师鼓励学生带着感情朗诵该曲目，旨在让学生亲身体会语言的韵律美。除此以外，该单元还为学生精选了一个关于大自然的短视频，让学生在学习英语的同时，欣赏世界各地自然奇景和地理风光，让学生真正感受课堂学习是一种享受美的过程。

五是崇尚劳动精神、树立劳动意识。劳动教育能增强学生的独立性，培养学生的动手习惯，使学生从劳动中创造美，从而促进良好个性和道德品质的发展。《必修二》Unit 1 Reading A: *Nature* 通过一则寓言故事引导学生意识到自然平衡的重要性——生态平衡一旦遭到破坏，修复将付出更加巨大的代价。在了解文章内容及深层含义后，教师鼓励学生以保护环境为主题，制作小报，警示自己及他人要保护环境。该任务不仅培养了学生写作排版的能力，更让他们意识到通过自身的劳动与努力也能为保护环境作出贡献。

总之，"五育"融合作为新时代的一种先进思想，对于高中英语的教学有着极为重要的启发与启示。在英语教学的过程中，教师应注重德、智、体、美、劳的全方位发展，努力培养出更多德才兼备的复合型人才。

2. 追求课堂育人最大化

课堂教学改革关乎教学改革的成败，其核心目标之一是更好地实现课堂育人功能的最大化。课堂能否实现育人功能的最大化，需要从多向思维来审视：能否践行课程标准的层级教学；能否实施突出核心素养的"问题驱动"教学；能否落实学生学科思维品质的培养；能否实施与健全健商、智商、情商、财商、法商、德商此"六商"的"三授课"教学；能否贯彻以德育、智育、体育、美育和劳育为"五育"的面向未来发展的教学。

同时，追求课堂育人最大化，还要注重效益和效率。所谓效益，是指课堂的教学内容和价值取向，要有正面性，要有正能量，能让学生获得正确的知识和价值判断，遵循有益的原则；所谓效率，是指课堂的教学产出和成本付出，要有效果性，讲究成效比，尽量用最短的时间，实现最大的效应。效益和效率，是实现课堂育人最大化的两个重要方面。

对学生而言，一节好课首先应是他们喜欢上的课。学生喜欢上的课大多是妙趣横生并有所得的课，即当堂有所收获。

（二）"双·成文化"对教学资源环境的创设揭示

教学资源，是教学的必要条件；教学环境，是教学的刚性要求。"双·成文化"视域下的教学资源成为流动的活水，教学环境成为感动的浪花。

1. 教学资源创设

教育教学资源，历来都是教育教学活动中不可或缺的资源支撑，备受学校和教师的关注是必然的，教育教学资源建设也一直是各个学校工作的关注重点。关心教育教学资源建设，加强对教育教学资源的认识和研究是一项非常重要的任务。

我们认为，教育教学资源按来源来分，主要分为校本资源、社会资源、网络资源。校本资源主要是在学校内可以提供和利用的资源，主要是图书馆、教室、校园环境文化等；社会资源主要包含社区资源、家庭资源、公共场馆资源等；网络资源指的是学习平台、软件和其他从网上获得的资源。如能充分、持续地运用多种教育教学资源，给学生走出固定室内课堂的机会，则能激发学生的学习兴趣，充分发挥学生的主观能动性和创造性，形成更为和谐、愉快的师生关系，从而达到更好的教育教学效果。教育教学资源的有效创设可以从以下三个方面加以考量：

（1）深探校本资源——可以在原有基础上深度开发校本资源。要学生勤奋学习，就需要营造一种能促进学生勤奋学习的环境"氛围"，即校园里的景物、宣传物要能对学生起到一定的启发和教育作用，帮助学生产生良好的内心体验，从而帮助学生点燃探索知识、积极进取的思想火花。要学生多合作、多交流，可利用学校的制度和宣传阵地，奖励宣传校内合作优秀的学生；在四大节日等校园活动中可增加跨年级合作项目，从而培养学生与人沟通交流、合作学习的能力。要学生多看书，我们可以给学生充足的时间去阅读课外书籍，同时图书馆定期向不同年级学生推荐一定数目的课外阅读书籍，举行读书笔记展示、新闻评述、古诗诵读比赛、演讲比赛等，从而提高学生的文化素养。每一处校园、每一套制度、每一项活动都能成为教育教学资源深度开发之所在。

（2）宽展社会资源——学习环境、教学方式的转换都能充分调动学生学习的兴趣，最大限度地激发起学生的主观能动性。教师如能精心构思，学生如能从静静地坐在教室里聆听，转为有机会走出教室去观察、触摸、访问、讨论和思考，就能从一味地接受与吸取，转为主动地思索与探求。教室外的世界让学生充满了新奇感，他们心理上也会产生渴望和兴奋的情绪，让学生带着问题、走出去学习和探索不仅能培养他们独立自主学习的能力，而且会极大地调动他们学习的兴趣，从而使他们乐于学习，发挥主观能动性。我校周围文化繁荣，商业发达，交通便利、革命遗址云集，名人故居遍布，可谓资源丰富。周边公共场馆就有上海展览馆、自然博物馆、静安雕塑公园、四行仓库、二大会址、蔡元培故居、鲁迅故居、衡复历史文化风貌保护区、张园……这些都承载着厚重的历史，流淌着时光的痕迹。如果学校各科教师能充分利用这些资源，让学生带着问题走出去参观、访谈，或者动员学生和家长一起去这些场馆探索，相信会比在教室里听课增加更多的感性认识，在学生的心中留下更深刻的记忆。

家长资源也是一个蕴藏丰富的教育教学资源，是学校开展教育教学活动的支持者和配合者，一所学校中家长来自各行各业，还有一些是行业中的精英或积累了丰富的工作经验。不少家长的教育热情高，愿意借助自身的知识、本领和能量、特长为学校的教育教学提供服务，这是一种可贵的资源。比如家长可以利用工作场所为学生拓宽学习视野，提高实际操作能力，还能为学生的生涯规划探寻不同的活动，在活动中找到一个不一样的自己，让学生意识到自己的潜能和长处，看到自己有无限的可能性。家长的生涯经历和经验的传播，能增加学生对生涯的认知，明确真正的职场的人才需求，并懂得自己从初中、高中开始需要做哪些准备，从而为将来的职业选择和职业发展能力奠定良好基础。

（3）拓展网络资源——网络正改变着人们的工作、生活方式，也成为学生学习资源中不可缺失的一部分。钉钉、哔哩哔哩等网络资源可以帮助培养学生良好学习习惯，突破学习中的重难点，教师可以寻找或制作支持教材的教学资源，比如图片、视频、动画等，为帮助学生生动形象地理解课堂学习中比较抽象的内容，或为学生缺少自身实际生活经验的学习内容提供有效参照。另外，电子产品快速更迭，网络平台和软件日新月异，学生获取知识与信息的途径更趋多元化，学生之间的相互交流与学习也越来越频繁，因此也需要教师从众多的网络资源中选择对学生有益的平台和软件，指导学生快捷而安全地获取网络上的知识和信息，用网络辅助自己的学习和成长。

2. 拓宽教学空间

"双·成文化"为拓展教学空间打开了思想之窗、视野之窗。

以物理学科的学习为例，众所周知，建造多元化物理教学空间，是拓展教学空间的重要一着。传统教室是我们教学的主阵地，随着社会的进步和发展，传统教室也进行了升级，现在很多学校都配备了希沃白板、多媒体等一些教学辅助设备，但是根据物理学科的特点，仍不能很好地满足物理教学。

物理是一门以实验为基础的学科。实验是物理教学中一个很重要的环节。传统的教室和实验室对物理实验教学有一定的影响。例如在演示实验教学，教室中的讲台大小有限，有时不能放下所需要的实验器材；有时在演示实验中需要用到水，没有放水或盛水的地方；有时实验现象比较细微，需要用到实物投影，但是希沃配备的投影平台比较小，难以放下实验器材。又如在学生实验教学中，我们一般在学生实验室中进行，原来实验室设计一般以2人为一组，是侧坐在实验桌前。现在物理探究实验经常是以4到6人的小组形式完成，需要同学之间的讨论、分工、配合等，显然传统的实验室并不合适。其次，做完实验后，教室需要学生分析、交流实验现象、归纳实验结论，传统的物理实验室在生生交流、师生交流上比较困难。

空间环境设计应充分考虑教与学的特点，既要满足传统授课的特点，又能为学生创造更多学习的条件，例如实验、合作等，使学生进入这个空间可以更快、更好地投入物理学习中。特别是物理学科有自身的特点，空间的创设应该符合物理学科的特点。例如在某校建造的多元教学空间中，在教师讲台上配置了水池，便于一些需要用到水的实验；同时配备了摄像头，教师进行演示时，可以通过摄像头然后在教室前的大屏幕上显示，这样一些现象比较细微的可以通过放大让全班学生观察。同样，学生实验桌面的设计是按照4～6人小组实验设计的，学生按照U形坐，便于小组内同学之间的交流和合作，同时和教师之间的互动也很方便。在多元教学空间中设有网络，教师可以利用iPad和网络收集学生的实验数据，方便之后的实验分析，例如利用电脑软件拟合图线等；教师还可以通过iPad和网络将实验方案、文本资料等传给学生，通过现代化的设备可以更方便地进行师生互动。同时，学生利用iPad和网络可以拍摄实验现象、实验操作过程，便于后面进一步的学习，例如可以比较不同的实验步骤，讨论实验步骤不同的利弊，激发学生思考，完善实验步骤。通过实验现象的拍摄，便于学生分析实验现象，甚至有些小组在实验过程中操作有问题导致实验现象不同，通过实验现象的拍摄可以让同学们了解实验操作正确的重要性、实验严谨性的重要性。

总之，多元化物理教学空间的建造，可以让我们的教学更为便捷高效。

第五部分

评价重质·全面发展

评价，是优质教学的重要环节，也是引导学生全面发展的衡量指标。评价的关键在于质量，要评出扬长避短的特性，要评出前进方向的校准，要评出育人功能的最大化。

指向"双·成文化"创建的
评价观转向研究

评价观的转变，是体现评价本质、实现评价功能、强化评价作用的关键所在。"双·成文化"的整体思想和办学目标、育人目标的清晰表述，为评价观的转变提供了指南。

学校的《指向"双·成文化"创建的中学教学及评价深度变革的行动研究》的课题，不仅对教学深度变革提出了要求，而且对评价深度变革提出了诉求。

（一）"双·成文化"对评价定义的积极建树

"双·成文化"提出的许多思想，对评价做了显性或潜在的内涵和意义的阐发，对评价的定义更为准确提供了思路。

1. 建立起三大评价体系

华模对中学评价深度变革的国内外研究现状进行了详细梳理与评析。通过梳理学生评价的变革、教师评价的变革、评价观的转向与评价标准与工具的构建，指出要"构建推动学生素质综合发展的评价体系"，要"构建推动教师不断提升的评价体系"，要"构建推动课程有效改进的评价体系"。这三项覆盖教师、学生和课程的评价体系，是构建"双·成文化"指向的素质教育评价深度变革的关键内容所在。

2.致力于教、学、评一致性

当前，许多学科的新课标都明确提出"注重实现'教—学—评一致性'"，这一概念被用以指向有效教学。在新课程视域下，课程最具经典的四个问题，分别是"为什么教？教什么？怎么教？教到何种程度？"。课程这四个问题的提出，基于的是教师的视角；与之呼应，基于学生的学习视域也同样可以提出相应的四个问题，即"我要到哪里去？我为什么要去那里？我怎么到达那里？我真的到达那里了吗？"。华东师范大学课程与教学研究所崔允漷教授认为，课程的四个经典问题对应"教—学—评"，而引领"教—学—评"的是"目标"这一灵魂，它是课程的逻辑起点，也是课程的逻辑终点，决定着后续的三个问题。没有清晰的目标也就无所谓"教—学—评"的活动；没有清晰的目标，也就无所谓教、学、评的一致性，因为判断"教—学—评"是否一致的重要依据就是教学、学习与评价是否都能围绕共享的目标而展开。

"教—学—评不一致"与"教—学—评一致性"相对应。有研究表明，"教—学—评不一致"的主要表现有三个：第一，没有清晰合理的教学目标，主要是缺乏教学目标设计及教学目标表述不清晰。第二，教学（学习）活动游离于教学目标，主要表现在教学内容与目标不匹配，教学（学习）活动不足以达成目标。第三，评价与目标不一致，主要是教师缺乏评价意识，评价反馈与教学目标不匹配。

例如2012年，上海市率先启动高中专项化体育课教学改革，经过十余年的实践，获得了一定的成果。在专项化体育课的推动下，"体育选项走班制"和"学校体育+俱乐部制度"教学模式在实践过程中应运而生，助力专项化体育课的实施。虽然取得了一定的效果，但是仍然存在一些问题。例如僧多粥少，学生选不到心仪的专项课。学生水平差距大，有人吃太多，有人吃不饱。难以统一教学目标。所以，在一定程度上也并未全面解决学生的个性化体育发展的矛盾。

我们认为，"教—学—评不一致"的改进建议是针对不足的三点进行针对性提高。首先就是加强目标意识，教师应该转变角度，以学生为目标的行为主体，明确内容和行为，清晰表述教学目标；其次，落实教学设计，围绕教学目标设计清晰的教学活动；最后是提高评价素养，教师需要提高自身评价素养，针对教学目标，明晰评价要点。另外，针对高中专项化体育课程面临的问题，体育教学分级模式可能会起到帮助作用。该模式一开始适用于高等学校公共体育教学。由于高等学校学生多、水平参差不齐，学校根据学生不同的体质状况，不同的兴趣爱好、不同的运动技能水平，结合学校体育设施，师资力量等因素，按照运动项目设置不同层次、不同教学大纲、不同教学内容及考核标准的班级进行教学，以满足学生个性化发展的体育教学模式。

目前，教师评价、学生评价及课程评价等方面的评价指标趋于一致性，因此，必须通过不断改革、应用、探索、发现，不断地实现螺旋式提升，才能更好地推进教育教学工作；与此同时，针对不同的学科、不同的地域文化氛围，评价标准要能够生动体现出有着地域特色的差异性、层次性；最后，对评价标准和方法要不断地改革和完善，不能一味地追求"看点"和"亮点"，必须具有开拓性意义。

（二）"双·成文化"对评价思维的积极建树

"双·成文化"为评价打开了多维度、多元化、多层面的视角，促使教师在课堂评价中拓宽评价视野。

1.对阅读能力新解构的掂量

评价要有出处。2022年以来，我们在深化《指向"双·成文化"创建的中学教学及评价深度变革的行动研究》的市级课题研究推进中，将指向学生阅读能力的课堂评价标准作为一个主攻探究项目，进行了深入的研究与探索。

阅读，是获得知识的基础，阅读能力，是人获得心智的重要途径和方法。学生阅读能力，不仅表现为语文阅读，而且存在于各学科之中，可以说阅读是所有学科教学需要面对的共性课题。

而语文阅读在所有阅读中占有重要的位置。我们认为，阅读能力，不仅是学生语文学科素养培育的有效途径，更是学生在信息化时代获得新知和融入社会生活的重要本领。健康有序有质的阅读，需要进行阅读标准的研制，解决什么是良性阅读、科学阅读、有效阅读的问题，并设立体现阅读体质、引领阅读走向的标准，有利于厘清阅读的含义和价值。

同时，我们要以阅读来拉动评价，用评价来守正阅读，实现阅读和评价的互相促进。显然，应当把评价发展的意识贯穿于阅读教学的过程，以发展眼光看待学生的阅读学习，不但要培养学生的阅读兴趣，引发学生阅读学习的动机，还要发展学生阅读能力，从而真正实现学生阅读能力的提高和跃进。因而，教师用好课堂时间，通过建构更加合理的评价标准来改善学生的阅读能力至关重要。

通过研究，我们认为从评价的能力分层来看，学生的阅读能力发展可以包含以下五个方面：一是评价朗读能力的发展。朗读是最基本的阅读，不仅要看吐字清楚、发音正确、停顿、语调和速度等方面，而且要看读出了什么，包括字面理解、词义理解和意思理解，以及语言思想感情的体会。二是评价认读能力的发展。认读是指阅读从语言文字的感知开始，评价学生的认读能力时，教师不要孤立单纯地就字词进行评判或者一味地让学生死记硬背词语解释和句子含义，而是要体悟学生认读的程度，考量学生可能达到的水平。三是评价理解能力的发展。对学生阅读理解能力的评价，首先要注意综合考查学生的词汇量，其次要看学生能否根据上下文选择正确的句义，最后要观察学生完成阅读后是否能够把握事情发展的顺序，整理出课文的主要内容，能否对阅读内容进行评价。四是评价欣赏能力的发展。欣赏是阅读的成果，也是运用的前提，更是一个能力再生的过程。五是评价阅读创造能力的发展。阅读创造，是考查学习、使用和派生的能力。阅读创造能力的评价在于鼓励学生有新的发现，有创造性成果的诞生。

同时，我们还分析了课堂评价的形式，可分为阅读能力检测和阅读行为评定。阅读能力测试的构成可以设置为以下方面：文章词句的理解、文章重点信息的把握与概括、文章语境的理解与连贯性推理、文章布局谋篇的理解、文章写作意图与表现手法的理解、文章评价与鉴赏、文章的独特领悟与迁移。从微观到宏观，从文本理解到发散性思维培养，将阅读检测内容细化为能力要点，可以帮助学生更好地了解自身的阅读情况，也能促进教师及时改进课堂阅读教学。对于学生阅读行为的评定，教师应当在阅读活动中对学生的阅读行为与表现进行相应的观察，并及时填写学生阅读活动评价表，以有针对地对学生的阅读能力进行形成性评价。

我们对阅读能力的层级进行了界定。我们认为，与提升兴趣和阅读参与度相比，迫切需要的是提升理解力。理解才会投入，课堂的阅读理解包括对虚构类文学作品的理解和非虚构类文本的理解，其中又以虚构类的文学作品为主。以九年级上册的课文《我的叔叔于勒》为例，认为初阶阅读是基础，高效地梳理故事情节是阅读的基础和起点。要想帮助学生沉浸在作品中、享受阅读带来的乐趣，就必须理解文本的内容，而当学生不能顺畅且完整地复述所读内容时，这往往是我们课堂教学需要用力解决的地方。因为了解问题或冲突及解决的方法或处理方案，这就抓住了文本中最重要的事件。而在课堂上这种情况是常有的：有的学生哪怕是结合课后的思考探究"围绕菲利普夫妇对于勒的态度点变化，讲述了一个曲折的故事"这一提示，许多细节都不曾落下；有的学生仅提到发生在于勒的身上的事情，却不能说出它们之间究竟有什么联系。在我看来，能根据提示讲清楚这个故事曲折的情节是衡量一个孩子阅读能力最基本的一项。中阶阅读是开始。根据细节推断人物的特征是真正阅读的开始。在虚构类作品中，人物发展通常与情节的发展交织在一起，但故事中的人物与真实存在还不完全一样，因为是被作者塑造出来的，所以根据提供的细节推断人物的特征能力也是一项很重要的衡量阅读能力的指标。撇开于勒不说，就根据课文的内容，"我"这个人物的变化或成长也是有迹可寻的。那对"我"这个人物的把握，见到于勒这个环节是至关重要的。知道于勒是自己的亲叔叔后，"我"没被父母的情感而同化，仔细地观察于勒；在父母躲避和咒骂于勒时，"我"心中默念"叔叔"；"我"去付费的时候决定给于勒十个铜子的小费。只有抓住了这个重要事件，才能具备理解把握"我"对于勒叔叔深深的同情，从而也反衬出对父母六亲不认的困惑和不满，从而也更加能把握菲利普夫妇的形象特征。就《我的叔叔于勒》这个文本而言，关于"悬念""对比""铺垫"等手法的运用，也可以通过细节捕捉到，只有深入这些细节才能更加贴近故事中的人物，从而提高推导故事背景的能力。高阶阅读是要旨。对文本主题探讨当然是衡量是否高阶阅读的重要指标。文本当然包含着作者想要表达的主题，阅读者可以解读出这层意思，但阅读也是读者与文本之间的互动。一个故事往往包含着多个问题和观点，但其中有些部分不会在故事中直接显现出来，需要通过想象、推断、确定重要性，并综合分析故事中发生的所有事件，才能理解其中隐含的观点。同一个文本，不同的读者可能会对主题有不同的解读，因为每个人的先备知识和经验是独一无二的。就《我的叔叔于勒》而言，这篇课文选入九年级上的第四单元，单元选材着眼于从少年视角观察世间百态，从而加深对社会和人生的理解。课文注释标明是"根据集中译本改写"，正是服务于这样的一个单元要求。

如果学生能超越作者的具体描述去思考人物、地点或事件所代表的意义，它们就能深刻地理解内容，这是更高阶的阅读，教师应该非常鼓励这种阅读分享。对自己所阅读的文本进行深入的批判性思考更是值得表扬和鼓励的，教师应给予更好的评价和引导。因为当学生学会在阅读中深入思考后，阅读对他们而言才开始变得重要起来，这样的阅读，意味着通过故事来帮助自己了解这个世界，获得感悟，并对自己的观念进行反思，这也正是阅读的真正意义所在。

2. 对工具使用新价值的实践

在深化《指向"双·成文化"创建的中学教学及评价深度变革的行动研究》的市级课题研究中，学校各个教研组本着以学生发展为本的原则，注重评价方式的优化，凸显学科育人价值（核心素养）的要义，在长期研究与改进的基础上，结合教学实践研制了七种（4+3）课堂教学与课后作业评价记录表，作为对标评价观转向研究的评价工具，并在组内开展了过程性评价研究的先行先试：一是创设了简易可行的四种课堂教学评价记录表（常规性课堂评价记录表用于日常评价、随机性课堂评价记录表用于课时评价、专项性课堂评价记录表用于环节评价、阶段性教学评价记录表用于单元评价）；二是设计了不同类型的三种课后作业评价量表（故事推演、论文撰写、展板制作）。评价工具主要记录学生在学习过程中的各种表现及他们的发展水平，对学生在课堂上的表现能够更加准确和公正地进行评价，也可以帮助教师明确地了解学生的学习进展情况与学生的实际水平。

　　七种评价工具在实际运用过程中，集中呈现出评价主体多元化、评价内容情境化，评价项目多维度、评价过程清晰化等一系列特点。学校教研组利用这四种课堂教学与三种课后作业评价记录表，在课堂内外的教学实践中仔细观察学生学习的态度、情感，以及在活动中表现出来的价值观，创新了教育评价方式变革的深度与广度。

　　目前，"双·成"评价观（包括过程评价、增值评价、综合评价）转向研究，正在全校范围内铺开推行，以教研组和备课组为单位，研制各学科的课堂或作业评价量表，评价量表体现"人文+工具"特色、侧重于对学生的学习情感、态度、合作、交流意识、学习方法、策略，解决问题方法、思维过程等要素进行综合量化评价，以记录学生在学习过程中的各种表现与所要达到的预期增值目标；接下来，教研组或备课组会将陆续研制出的评价工具，实地运用于"双·成文化"背景下的教育教学实践，并不断地进行检验与修订、改进，形成各学科的课例、案例，集结相关的评价研究成果。

二

发挥增值评价的作用

评价，有质量和数量之说，效益和效率是对评价质数的考核。而增值评价，是对一定质量和数量的保值和提升。

在"双·成文化"视域下，增值评价成为教师探讨的热点。

（一）增值评价的认知深化

对增值评价的新认知，有助于评价的深化。

1. 增值评价的新重心

2020年10月，中共中央、国务院印发《深化新时代教育评价改革总体方案》，标志着我国新时代教育评价制度改革已经从局部的改革进入总体改革的新阶段，首次明确提出"探索增值评价"，直指"以结果论英雄"的错误评价取向。

增值性评价不同于传统的教学评价，是发展性评价的一种，将评价的重心放在学生的进步性上，也因此，增值性评价是在把握学生初始学习水平上去尊重学生个体差异和关照学生的各方面发展的评价模式。增值性评价也是一种更为科学、客观、公平的评价方式，适应学生的多元化智能化发展。我们认为，增值性评价工具在教育教学中的应用，将有助于一线教师观测、改进教学，推进学科核心素养落实，助力学生的可持续发展。

我们主张，新课标强调的评价应当有利于学生认识自我、树立自信，促进每个学生在现有水平上持续发展。因此，课堂增值评价应特别重视情境与环境的影响，学生可以在教师与同学的帮助下，运用一切能够利用的学习资源，不断提升自己的学习能力，不断提升核心素养水平。增值评价的初衷是为了关注学生个体与个体之间的差异性，如课堂增值评价目标应以核心知识为载体，以核心素养，即语言能力、文化意识、思维品质、学习能力四个方面为导向，设计了体现学生不同能力水平的评价指标。增值评价的维度可以是成绩的阶段性、知识的递进性及技能的迁移性。成绩的高低、知识的更新、技能的迁移会形成差值，这些差值从而构成了增值。但其中学生成绩只占很小一部分，因此增值性评价不同于传统的结果性评价，它鼓励教师将关注点从学生成绩的高低逐渐转为学生素质培养的过程。增值评价是一个特殊的体系，每名学生都有其独特的成长档案。学生在内化了学科知识的同时，更加关注自我发展目标，掌握学习方法，强化自主发展意识，并逐步提高核心素养和自主发展能力。

2. 增值评价的新方法

增值评价的方法，既要基于学科特性，也要基于评价规律。我们认为，根据教学环节及分组任务，以学科核心素养的落实和增值为依据设计评价工具，可采用以下三种方法：前测：评价学生核心素养发展的初始水平——课前通过问答小调查了解学生学习开始时的核心素养发展水平。问答小调查以纸笔作答形式呈现，对学生的作答情况进行赋分。中测：综合评价学生核心素养发展的过程——中测以学生的课堂表现为主要评价内容，以学生的核心素养为评价内容，以学生在课堂上能否借助学习任务资料通过在小组内或小组间的沟通交流能够体现学科核心素养的发展，聚焦小组分析讨论、学生口头表达、参与活动的积极性等方面来评价学生核心素养的发展过程。课堂表现评价采取学生自评和小组内成员互评相结合的方式，除了采取评价量表的方式外，还要结合教师对学生在课堂表现的观察。后测：评价学生核心素养发展的落点水平——对前测中不同层级水平的部分学生进行访谈，以期更全面地掌握学生在参与学习后核心素养的增值情况。

增值评价方法，重在显示评价后的改进。这种评价方式，相较于其他评价方式而言，更有利于真实显现学生各方面的成长进步，也有利于推进素质教育改革的进程、实现教育公平。增值评价方式，打破了传统的以解决问题的能力或成绩为依据的评价方式，为学生的课堂表现和学习能力增值，可以切实激发学生学习的积极性、自信心和创造力。

（二）增值评价的新意创想

增值评价，当属开放性，没有唯一答案，可以有多种尝试。

1. 留白增值

利用留白创造式教学激发学生创造力的增值评价，有的教师进行了实践：利用留白创造式教学，对学生课堂表现和补白能力进行增值性评价，激发学生创造力。

用"创造式留白补白"的教学方式替换灌输的教学方式，为此，教师需要在课堂上给学生留白，留问题之白、发现之白、陈述之白、论证之白、方法之白、超越之白。

问题之白，是指学生提出新的问题。发现之白，是指发现新知的概念教学，或是命题教学。陈述之白，是指在教学中，教师创造机会，将学生未知转化为探求，将图形、符号语言转化成文字语言，即为学生留下"陈述之白"。数学命题、公式、结论的论证过程称为"论证之白"。

在今天的数学课堂上，不同的学生对于同一个问题往往会有各自的不同方法，学习这些不同的方法有助于培养学生的创造性思维，在问题解决教学中，教师完全放手让学生探究，或在呈现某种方法后，让学生去探究更多的方法，是另一种形式的"方法留白"。超越之白，是指数学教学中，能力的培养、思维的训练、思想的引领和精神的哺育要高于知识的传授，教师在课堂上不能仅仅满足于数学知识的传授，而需要将知识视为能力培养、思维训练、思想引领、精神哺育的载体。

激发学生创造力的增值评价方法是根据学生的行为表现、补白能力对学生学习能力进行增值性评价。初中学生的学习态度、学习动机、学习毅力、学习成就感等方面存在差异；学习方法、课堂表现、作业完成情况存在差异；注意力、记忆力、数学核心素养等存在差异。基于此，传统的分数评价方式显得不是那么科学，而增值评价是关注学生学习动机、学习态度、学习方法、学习效果、学习毅力的评价方式，增值评价有助于激发探索的欲望、保持学习的兴趣、增强学习的自信，更适合当代教育。

2. 纸笔测试与过程评价结合

创设多样化的真实情境，将需要构建的生物学概念和预期发展的素养嵌入合适的情境中设计结构化的学习任务。在课堂中开展这一系列学习活动，通过过程性评价量表来评估学生在开展学习活动中的核心知识建构、问题交流能力等发展情况，通过纸笔测验比较对照实验班级学生核心素养的水平，从而评估情境创设驱动的学习活动对学生学科核心素养发展的影响。

结合纸笔测验的评价结果与过程性评价，综合而多样化地对学生核心素养及关键能力发展进行评价。

过程性评价：通过学习任务表现的核心素养指标评价表来评估学生

在开展学习活动中展现的素养水平，重点关注学生的课程知识掌握程度、问题解决能力、互动与交流情况及创新性思考。在课堂教学过程中，为学生发放自评表（学习任务表现的核心素养指标评价表），引导学生在课后评估自己整节课的过程性表现，进行自我评价。

纸笔测验：通过典型测试题比较对照组班级和实验班级学生的核心素养水平表现情况，评估情境创设驱动的学习活动开展对学生具体的素养提升的有效性。在课堂教学过程中，为学生发放自评表（学习任务表现的核心素养指标评价表），引导学生在课后评估自己整节课的过程性表现，进行自我评价。

通过选取模拟测试中涉及生物学新颖情境的试题，作为评估学生科学思维、科学探究发展水平的典型试题，评估对照班级和实验班级在这些试题表现上的差异。

情境创设驱动的学习活动的实践一定程度上能够有助于学生发展相应的素养，学习任务表现的核心素养指标评价表作为学生对学习活动开展过程的一个自我评价和反思工具，不仅能帮助学生明确自己的学习目标和方向，同时也为教师提供了一个了解学生学习状况和改进教学方法的依据。纸笔测验作为传统的评价工具，能够通过前后测、对照与实验班级数据的精准分析评估学生相应素养的达成情况。过程性评价与纸笔测验结果相互对照，更为全面地评价学生的综合表现。

三

利用大数据评价更有影响力

"双·成文化"对工具的推崇和阐述，对学校评价系统的现代化和评价质量的优质化起到了引导作用。利用信息技术，尤其是大数据，使评价更有事实说服力和价值的影响力。

（一）大数据功能的厘清

相较于语言，数据不仅是对事实的另一种概括和描述，而且是对规律的另一种揭示和提示。

1. 数据成为教师的业务副本

过去，一些教师认为数字、数据可能是某种学科的特殊符号和用语，以为是专项教师的专利。可如今，在信息技术素养催化下，大家对数字、数据的概念和意识发生了深刻变化，将数字、数据由专业语言变为大众语言、由专业术语变为行业热语。尤其是在"双·成文化"研制、宣传中，大家对工具的认识更为深刻，也更有体会，而且人文+工具正是学校育人的特色。

因此，数据收集、分析和利用，成为教师的职责和专业。

2. 数据用来分析教学成生态

高三语文"一模"考试结果出来后，教师对数据做了仔细研究，先划分出得分率较高与较低的两类题目，超过和低于区平均分的两类题目，再据此分析得分高低的题型、考点、难度，然后结合学生答案分析丢分原因，找到学生知识与能力的缺漏处，从而明确下阶段复习的对症内容。

数据背后是内情。历史教师在卷面失分分析后，指出了具体原因：一是审题不仔细，对题干指向把握不准确。有些学生偏离文本情境，谈论其他网络语言现象，或者回答材料中"图像符号是否可算语言"的疑问，未能针对材料给出的语言现象发表意见；也有学生未从"国家管理"角度提建议，只谈个人看法；还有学生未谈论"管理网络语言"，而是谈推广普通话。二是认识偏差。有的学生忽略材料语言现象与国家通用语言之间的关系，脱离主文本观点，片面分析材料现象的优劣而导致建议不当，如严格管控，使用者定罪入狱；或者大力推广，修网络谐音字典加以普及等。有的学生未能整体把握主文本内容，机械套用局部观点分析材料导致张冠李戴、文不对题。三是答题笼统，要点不明，条理不清。或者有建议无分析，或者建议与分析不匹配，或者建议模糊不具体。

除了这些卷面反映出的失分原因外，还有一个隐性原因，就是学生对于新出现的非连续性多文本阅读和"运用文中观点分析新材料"这类新题型相对陌生，阅读能力与解题经验不足。针对这些原因，下阶段复习的重点包括多文本阅读、运用文中观点分析新材料的情境类题型的审题答题训练。

（二）"教学质量监测平台"走俏

工具的价值让教师对建立在信息技术基础上的监测平台产生了亲切感，更产生了利用的动感。

1. AMEQP更青睐

AMEQP，全称为全通教学质量监测平台，是满足区县教育局及辖区内学校进行教学质量动态监测需求的业务系统，是面对教育管理者及广大师生开放的学业诊断、分析应用平台。在平台上通过"数据采集""统计分析""跟踪监测""素质评估"等环节，能够实现教师对教学质量的更全面的监测。

相比于常规评价，AMEQP平台能够更加快捷、详尽呈现班级整体情况、学生个别情况，帮助教师全面了解学生对考试内容的掌握程度，大大提高了教师的工作效率。

随着学校对全体教师进行信息化技术提升2.0培训的深入，以及利用AMEQP全通教学质量监测平台对期末调研试卷进行大数据分析的逐步完善，我校各学段各学科教师开展期末质量分析与讲评的效果得到了很大提升。借助AMEQP数据分析，不仅能更加直观地掌握试卷的难易度、区分度与信度，而且整个年级、每个班级学生在该学科的总体情况与各个小题的得分情况等也是一目了然。这种精细化的大数据分析极大地促进了试卷分析与讲评的针对性、有效性，更重要的是，打破了以往只根据一个总的成绩来评判学生的常规评价方式，助力教师把握学生在各个模板与知识点方面的学习情况，从而转向更为新型与有效的综合性评价方式。柳老师结合八年级第一学期语文期末质量调研之说明文阅读板块，基于AMEQP数据分析的评价研究结果认为，利用AMEQP数据分析，能更客观、准确、全面地掌握学生的能力短板与存在问题，促进个性化教学质量的提升；利用AMEQP数据分析，能在一定程度上打破常规评价模式，缩小学生之间的差距，有效提升后进生的学习动力。

2. 评价效应更叠加

根据AMEQP数据分析教学评价，推进学生成人成功杠杆效应，这是许多教师的共同感受。学校网上阅卷系统AMEQP功能升级，尤其是质量分析评价功能，让教师在数据分析下因材施教、跟进教学，提升教师数据意识、科学意识。我们认为，AMEQP数据分析教学评价，一是掌握考试结果数据更全面、准确。此次AMEQP数据分析明确评价依据：难度、信度、区分度。要求教师教学有标准、有要求、有方向。学校要求试卷的难度0.3～0.7、信度≥0.7、区分度≥0.3，此次七年级科学考试三数据分别是：0.72、0.66、0.43，达到出卷要求。知道年级该学科期末考试每题平均分、得分率、难度、信度、区分度，帮教师审视出题难易、授课学生掌握知识情况。二是评价学情教情方法更科学、细致。点击AMEQP考试数据分析，方便教师分析到人，看出学生的文理能力的分布，便于学情分析和教情分析。三是跟进反馈整体教学更调控、有效。今后教学中通过AMEQP数据分析，有意识地强化学生综合能力的训练，训练规范学生的阅读理解、分析能力、实验探究能力；训练逻辑分析能力，读图读表能力、填表能力；要求学生理解实验原理、步骤，熟悉问题指向、回答问题格式。

AMEQP功能提升大大改进方法、提升效率，教学更有效。通过AMEQP数据分析试卷结果，及时全面了解学情、教情。AMEQP试卷数据分析帮助教师教学指向明确。通过教师监控、学生实践的教学活动，使得学生获得成功、多元体验，落实"五育"全面发展、培养学生核心价值、优秀品格、关键能力，给学生勇于探索、智于实践、立于创新的人格。

第六部分

办学重品·前瞻未来

办人民满意的教育，办家门口的好学校，重在办学品质的厚重和办学品位的提升。

"双新"实践下办学的新思维

进入新时代，新课程、新教材的全面实施，为高质量办学提供了全新的背景和持续的动力。华模在"双·成文化"研制和实践的基础上，进一步将文化的内涵转换为办学品质的提升，对关系学校全局和走向做了更明确的揭示。

（一）办学方向"三立"

以文化为指引，以思想为核心，以品质为旗帜，我们将办学方向概括为"三立"。

1. 立足依法，体现特色

坚决依据国家法律法规，坚持奉行科学发展观，坚定遵循教育规律，努力体现中国特色、上海特征、静安特点，落实静安区域"国际化"、教育"精品化"、培育"个性化"的时代要求，将学校办成静安区素质教育的最佳实验学校、上海市高中实验性示范性的特色模范学校。

2. 立德树人，文化引领

以立德树人为根本，以"双·成文化"为引领，在"双"字上下功夫，在"成"字上寻突破，对准成人的基准，瞄准成才的方位，追求人文情操高尚、审美情趣高雅、成人成才卓越的理想；用厚重的人文打开通路，奠定成功的基础，站稳成就的基石。

3.立意创新，面向未来

秉承历代"华模人"以教育立志、以爱奉献的办学情怀，继承学校优良传统，弘扬"双通道"教改精神，追寻教育的本质与价值，探索适应不断变化的环境条件的学校发展之路，促进并实现学校持续的内涵发展；升华学校的文化精神，以正确的理念引领学校特色发展，以向上的价值观激发师生昂扬斗志，以进取的精神鼓舞师生奋发有为。

（二）办学理念"三遵"

"开发潜能、发展通能、智造正能"，是学校在继承、发展和创新"双通"教育实践和面向教育变革中提出的新思想，是实施"双·成文化"育人工程的价值新赋能；是实现立德树人根本任务的有效措施，是贯彻"五育"并举方针的有力手段，是落实学生全面而有个性发展的有效途径，已经成为华模中学一以贯之的办学理念。

办学理念概括为"三遵"。

1.遵循"以人为本"的教育思想，开发潜能

立足学生的健康成长，发掘全体学生的学习潜力，发现不同学生的学习潜力，发展有需求学生的学习潜力，培养学生成为人文素养厚实、驾驭工具见长，具有生存能力、生活本领，缔造学业扎实、事业有望的通自己、通未来的适应型、复合型、发展型人才，为幸福人生奠基开路。

2.遵照"开发为途"的教育策略，发展通能

开拓思路，开启方法，开辟途径，开发创意，继续推进通能教育的

实践与研究，完善通用能力教育的课程体系，探索通能教育的教学模式，不断适应学生特长发展、差异发展的个性化发展要求。尽学校之能耐，竭教育之方法，为学生增长学识通能竭尽全力，为学生学习成长通能提供活力，为学生发展成才通能给予能量，为学生搭建通往个性成长的桥梁，驱动学生的内在动力。

3. 遵守"辩证思维"的教育逻辑，"智"造正能

潜力的开发、通能的发展，最后应该指向正能的拥有。遵从"能量转换"的教育法则，坚持全面综合立体培养学生的能力，铺设成人之道，开通成才之路，成就学生的正向走势。教会学生用智慧的力量创造正直，获得成长能量；教导学生用知识的魅力塑造正义，获取成才的动能；教诲学生用智力的功效缔造正路，登上成功台阶。

（三）办学目标"三定"

以"精致办学"与办人民满意的教育相呼应，营建学校发展的定力气场；以"精彩教育"与提供优质教育相匹配，让有神采的教育成为师生的向往；以"精准育人"与科学育人相适应，用精准的方法、关爱的用心培育学生。

办学目标为"三定"。

1. 学校定位目标

依据上海高、初中综合素质教育和综合评价改革要求，以"双·成文化"引领，致力于普通完中学生未来教育研究与实践；努力将学校建设成具有新时代特征、以"双·成"为目标，以"开发潜能、发展通能、智造正能"为理念的上海市高中示范性的特色模范学校、静安区素质教育

的最佳实验学校。

2. 学生定向目标

对标立德树人、培根铸魂的"双·成"目标，依据面向未来教育的要求，立足学生发展现实，通过纵向能力发展、横向素养培育的有效实施和个别化教育手段，把学生培养成具有高远的国家意识、国际视野；宽广的领导才能、管理能力；良好的自信善学、质疑精神和身心健康的学生，为将来成为具有宽厚的通识、强大的才能和持续发展的各级各类人才奠定坚实的基础。

3. 教师定准目标

以"双·成文化"作为教师专业发展的着眼点，促进教师观念更新和专业素养的提升。以"双师制"为抓手，建设适合学校发展特点的教师队伍，形成面向全员的阶梯式教师专业化发展体系，加强特色教师群建设和个性化培养，鼓励高端教师自成学术风范，使更多教师能适应新高考与"双新"改革背景下的教育，并努力成为相关领域的专家型教师。

"双·成文化"深化中办学的新使命

"双·成文化"的研制和实践，为学校新一轮发展提供了明确的方向和强劲的动力。文化发展是一个渐进的过程，文化立校只有更好，而没有最好，因此深化"双·成文化"，提升文化的含金量，提高文化对学校发展的贡献度，是我们的使命。

（一）职责任务和行动策略

华模以"双·成文化"为引领，制订了新一轮四年发展规划，这是进一步贯彻文化立校的新步骤、新举措，也是"双·成文化"继续深化的新蓝图、新推进。

依照"制定实施年（2022年9月—2023年8月）、推进深化年（2023年9月—2024年8月）、评估改进年（2024年9月—2025年8月）、完善提升年（2025年9月—2026年8月）"四个学年梯度递进的格局，形成适合学校发展基础、体现办学追求、定位准确、目标清晰的闭环管理举措。全校各部门、各条线分解各年度工作任务，依据年度推进各项安排，通力合作，形成有序不紊的工作协同机制，确保新一轮四年发展规划的落地切实可行、行之有效。

1. 立足文化高位，构建优质治理结构（职能部门：党总支、校长室）

（1）目标任务

以"双·成文化"为统领，立足"双·成文化"，完善规范治理，提升管理效能，打造优质治理体系，为教师创设高尚儒雅的育人环境，为学生营造温馨和谐的学习氛围。用文化的实力推动学校"双·成"发展，用文化的魅力构筑落实立德树人根本任务"双·成"阵地，用"双·成"的文化力量固化"双通"教育的成效，为学校持续保持普通完中教育改革的排头兵地位、持续成为新时代教育理念与方法创新的拥有品牌特色的口碑学校而努力。

（2）路径策略

年份 内容	制定实施年 （2022年9月— 2023年8月）	推进深化年 （2023年9月— 2024年8月）	评估改进年 （2024年9月— 2025年8月）	完善提升年 （2025年9月— 2026年8月）
理念规划	1. 以文化引领办学格局为追求，推行并实施《"双·成文化"方略》，用文化的力量撑起师生"双·成"的价值与精神，用文化的魅力凝聚师生"双·成"的愿景与行为，形成体现新时代教育改革发展精神、符合"双·成文化"教育要求的办学理念与目标。 2. 广泛征求师生意见，制订出台《上海市华东模范中学新一轮四年发展规划》（2022年9月—2026年8月），经教代会讨论通过后贯彻实施，形成"规划、实施、改进、完善"的学校新一轮发展管理闭环机制。	重新梳理、编制学校的各项规章制度，对一些滞后于时代、学校发展要求的制度进行补充和改编，健全管理制度。	优化各项规章制度，补充相关配套的支撑性措施，确保各项工作的开展有章可循，有据可查，有制可依。	1. 以问卷调查、民意访谈等形式检测"规划、实施、改进、完善"的学校四年发展规划管理闭环机制的实际效果。 2. 学校教职工对"双·成文化"办学理念和发展规划有较高认同度。

（续　表）

年份／内容	制定实施年（2022年9月—2023年8月）	推进深化年（2023年9月—2024年8月）	评估改进年（2024年9月—2025年8月）	完善提升年（2025年9月—2026年8月）
治理结构	1. 高度重视党建工作，充分发挥党组织的政治核心作用和教职工代表大会的民主监督作用。进一步落实教职工代表大会职责，以多样化的路径引导教师积极参与学校管理，及时解决教职工的利益诉求。 2. 管理团队加强民主作风、服务意识和实干精神的建设，执行力强，高效落实各项工作任务。	1. 完善党、团、工会组织，形成较好的工作协同机制。 2. 形成并完善"依法规范、制度健全"的学校治理服务体系。	治理体系组织健全，党、政、工、团工作协同机制稳定良好运行。	形成了理念先进、内容科学、运行高效的队伍治理体系，且在师生中好评度较高。
育人文化	1. 实施"双·成文化"立校战略，践行"成人成才蕴人文、成功成就含功夫"的核心育人价值观。 2. 锻铸"敢为人先、志在必得"的学校精神，塑造"求真务实、儒雅模范"的学校风气，浸润"勤奋好学、业务精进"的学风教风，形成华模特色明显的良好校风、教风和学风。	深化推进"人文+工具"的"双·成"校园文化，用"双·成"的文化力量固化"双通"教育的成效并使之持久旺盛生长。	梳理、总结建校80年的历史积淀，积极筹办"双·成文化"立校背景下的80周年校庆。	1. 汇聚学校人文、历史、文化纵深发展成果，举办80周年校庆。 2. 着手撰写2016—2025十年校史。

（3）预期成果

A. 构建理念先进、内容科学、运行高效的"双·成文化"立校治理结构和完备的规章制度体系。

B. 形成"规划、实施、改进、完善"的学校新一轮四年发展闭环管理机制。

C. 2025年汇聚发展成果，举办建校80周年校庆。

2.落实三全育人，完善德育工作体系（职能部门：政教处）

（1）目标任务

以立德树人为根本目标，以"双·成文化"为引领，针对学生发展现实，通过"开发潜能 发展通能 智造正能"理念的落实、"双通"教育的实践，坚持"重实践、重体验、重发展"的"三重"德育特色，进一步丰富学校"四大节日"及各项活动的德育内涵，提升学生活动的政治站位，着眼于培养造就社会主义合格建设者和可靠接班人；积极推进全员导师制，关注每一位学生身体和心理健康成长，着眼于学生终身发展；努力构建学校、家庭、社会三位一体的德育管理网络，实现资源共享，整合教育力量，构建良性家校关系，扩大学校文化影响，继续保持"上海市中小学行为规范示范学校"称号。

（2）路径策略

年份 内容	制定实施年 （2022年9月— 2023年8月）	推进深化年 （2023年9月— 2024年8月）	评估改进年 （2024年9月— 2025年8月）	完善提升年 （2025年9月— 2026年8月）
德育载体	1.坚定"三全育人"主旋律，推进"开发潜能、发展通能、智造正能"理念的落实。	拓展"重实践、重体验、重发展"的"三重"德育活动路径，形成年度常规活动清单。	形成富有华模特色的序列化、系统化的主题教育体系，形成学校"双·成文化"德育主题品牌。	梳理形成"双新"改革、五项管理和"双减"政策背景下的学校德育工作新思路。

续　表

年份 内容	制定实施年 （2022年9月— 2023年8月）	推进深化年 （2023年9月— 2024年8月）	评估改进年 （2024年9月— 2025年8月）	完善提升年 （2025年9月— 2026年8月）
德育 载体	2. 推崇人人都是德育工作者，拓展"双·成"文化教育的实践。			
德育 实效	建立校级、班级家长委员会，设立家长学校，定期召开家长会和举办家长培训班。	加强家庭教育指导，构建社会共育机制，争取家庭、社会共同参与和支持学校德育工作。协调好学校德育和家庭教育的关系。	积极开展活动，探讨家校联合的教育方法，充分发挥家长学校的作用，使学校教育、家庭教育、社会教育紧密配合，互为补充，形成合力。	构建学校、家庭、社会三位一体的德育管理网络，实现资源共享，整合教育力量，构建良性家校关系。

（3）预期成果

A."双新"改革、"双减"政策背景下的学校德育工作新体系。

B."双·成文化"引导下的德育活动体系建设。

3.融合"五育"并举，聚焦学生全面发展（职能部门：政教处）

（1）目标任务

构建华模中学"五育"并举培养体系，丰富并创新学校四大节日"体育节""艺术节""读书节"和"科技节"的形式与内容。培养有家国情怀、责任担当、人文底蕴深厚、身心健康积极向上的华模学生；培养学生感受美、表现美、鉴赏美、创造美的意识和能力；培养学生的劳动习惯、劳动态度和劳动能力，促使其全面而有个性地发展、多元成长。

（2）路径策略

内容＼年份		制定实施年 （2022年9月— 2023年8月）	推进深化年 （2023年9月— 2024年8月）	评估改进年 （2024年9月— 2025年8月）	完善提升年 （2025年9月— 2026年8月）
学生全面发展	道德素养	通过调查问卷、座谈会等形式了解学生在国家意识、文化自信、社会责任感和集体意识方面的现状，编写《华模学生手册》。	利用课堂、校班会、升旗仪式、导师导教、社会实践活动等形式教育学生自觉践行社会主义核心价值观，立志听党话、跟党走，立志扎根人民、奉献国家的高尚品格。	学校里绝大部分学生有良好的思想道德和行为习惯，明礼、守法、讲美德，能积极参加校内外活动、志愿服务和公益劳动，全员完成60课时的志愿服务。	通过几年的教育浸润，涌现部分优秀分子，市、区级层面的美德少年、三好学生等。反思四年的工作，做出新的展望和规划。
	学习素养	继续和深入完善学生行为规范教育的形式、内容与考核，形成以"四环节十六字"学习行为要求的落实和迁移为重点的学生行为规范教育特色。	分年级推进学生学习行为的改善，培养好学、多问、肯钻研的学生。用规范的学习习惯推动学生其他行为的规范和优化，为学生的未来发展奠定良好基础。	学生养成了端正的学习态度和良好的学习习惯，掌握适合的学习方法，表现出较强的求知欲、积极的学习态度和浓厚的学习兴趣。	学生除接受课堂教学之外，能运用适当的策略和资源达成学习目标。自主学习能力强，学科素养达到新课标要求。高中学业水平考试合格率达标。
	健康素养	重视体育、心理教师师资队伍建设，关注学生身心健康。以国家课程为核心，面向全体学生，落实大课间和体育活动时间，确保学生每天的体育运动，扎实开展基础性	1.完善"高中体育专项化"课程建设，丰富课程内容，保障课堂质量，提升全体学生的运动素养。 2.每年开展心理健康月活动，做好起始年级学生心理健康的筛查。在学校	继续发挥校体育运动传统优势，做好篮球队、冰壶队、击剑队的人才选拔和培养工作，借助各类体育竞赛平台磨炼队伍，提高知名度和认可度。打造体育类和心理类的优秀社团。	1.在前三年的基础上，总结经验，学校拥有一批在运动方面有特长的学生。 2.学生有较高的体育素养和良好的体育锻炼习惯，能较好地掌握2～3项体育技能。

内容 ＼ 年份		制定实施年 （2022年9月— 2023年8月）	推进深化年 （2023年9月— 2024年8月）	评估改进年 （2024年9月— 2025年8月）	完善提升年 （2025年9月— 2026年8月）
学生全面发展		体育工程，开齐开足体育、心理课程。	阳光体育活动中开展分层体育保健教育，向学生普及有效的体育健身方法和简单的运动保健知识。		3. 学生体质健康监测合格率与优良率达标率高。学生近视综合防控体系完善。 4. 学生群体具有健康的心理品质。
	美育素养	继续推进学校艺术教育、传播优秀文化传统教育，提升学生艺术修养，培养学生高雅的艺术趣味。	拓展优秀学生的艺术教育培养，建设2～3个优秀学校艺术社团，学校艺术特长生在市、区比赛中出成绩。	1. 组织学生书画展，分享艺术学习历程。 2. 推荐学生阅读美育相关书籍。	制作我校艺术教育阶段性作品集；推出文艺演出专场；汇总美育教育市、区得奖情况。
	劳动素养	在原有基础上编写《华模学子劳动教育指南》，指导学生掌握必备的劳动技能。	1. 充分利用校内资源，对教室、图书馆、操场等场所进行规划调整，为学生创造校内劳动实践机会。 2. 通过校外职业体验、劳动实践等形式对学生进行职业技能的科普和培养。	1. 通过家校合作，鼓励家长为孩子在家中创造劳动机会，规定符合学生身心发展水平的劳动时间。 2. 学校在不同年级组织不同类型的劳动比赛，增强学生劳动技能和劳动意识。	形成华模中学劳动教育的经验总结和资料积累。

续　表

年份 内容	制定实施年 （2022年9月— 2023年8月）	推进深化年 （2023年9月— 2024年8月）	评估改进年 （2024年9月— 2025年8月）	完善提升年 （2025年9月— 2026年8月）
学生个性发展	继续推进校团委、学生会、少先队的各类工作，在各年级组团总支或学生会年级分会、少先队中队的学生辅导员等各种平台中，为学生自主管理能力的提高提供更多机会和舞台，在"双·成文化"的浸润下，实现自我的超越。	搞好新时期党建带团建、团建带队建工作，带动和促进各类学生的优秀示范群体建设。	1.加强学生心理健康教育、生命教育，开展帮助学生认识生命、珍惜生命、敬畏生命、欣赏生命，提高生存技能、提升生命质量的活动。 2.开展生涯规划教育和指导，关注自我内在诉求和社会外在需求的协调，着眼于学生的终身发展。	积极推进全员导师制，关注每一位学生身体和心理健康成长，着眼于学生终身发展。

（3）预期成果

A.打造并优化具有学校特色的专业的体、艺、科学生队伍，以点带面培养全体学生的综合素养。

B.开展"五育"并举项目研究，提高师资队伍的专业水准，结合学校实际为学生提供有针对性的、可操作性强的教育和帮助。

C.切实提升"五育"并举工作的配套制度和硬件条件，为工作开展奠定基础和保障。

D.形成一定数量和质量的文字、书画、视频资料积累，汇聚学生全面而有个性发展的成果。

4.精研课程教学，变革创新育人方式（职能部门：教导处）

（1）目标任务

从"双·成"课程文化的高度进行实践和研究，深化"通能"教育的内涵和价值，进一步加强学校课程的研究与整体设计，形成通用能力"五领域二十指向"，构建以人文课程为特色、通能"520"为指向的系列精品课程；加强教学研究与管理，支撑学校办学特色的形成和"实验性、示范性"作用的发挥，提升办学的核心竞争力。结合"双新"背景，进一步明确国家课程校本化实施的路径，跨学科之界，多学科融合开展教学实践探究活动，提升学生的核心素养。

（2）路径策略

内容＼年份	制定实施年（2022年9月—2023年8月）	推进深化年（2023年9月—2024年8月）	评估改进年（2024年9月—2025年8月）	完善提升年（2025年9月—2026年8月）
课程建设（课程方案与开发）	1. 在"双·成"文化背景下，在选修课程中探索多学科融合的项目化学习路径和方式，制订全校课程建设方案。 2. 以人文素养课程为抓手，从基础型课程和拓展型课程落实学生人文素养的提升。	1. 基础型课程中以已有的STEM课程为抓手，组建项目化学习的教师合作共同体及学生合作学习小组，形成学校跨学科学习的特色课程方案。 2. 选修课程体系中，构建语文学习场和史地学习场，其特色是学习空间多元、学习内容和活动多元、师资多元、评价多元。	结合"双·成文化"特征和要素，引入多元化课程，通过调研进行评估改进，让教师和学生都能体验成功，获得幸福感，初步评估学生的"人文+工具"素养提升。	总结必修课程和选修课程实践的经验，展示、交流，从时代需求和学生的长远发展出发，注重课程的融合和跨学科联系，帮助学生拓宽课程视野，提升学生的"人文+工具"素养。

年份 内容	制定实施年 （2022年9月— 2023年8月）	推进深化年 （2023年9月— 2024年8月）	评估改进年 （2024年9月— 2025年8月）	完善提升年 （2025年9月— 2026年8月）
课程管理 （课程执行 与实施）	1. 进一步完善教师教学和学生学习的规范化的操作流程。 2. 结合"双·成文化"，通过校级、区级展示活动，出台职初教师、中青年教师、骨干教师的职业规划，促进课程高质量实施、促进教师专业发展。	1. 进一步细化教师教学行为4·16环节，学生学习行为4·16环节。 2. 创设各级平台，展示教师与学生的风采。 3. 加强教研组间研讨和兄弟学校间研讨，深化课程管理，汇集形成成果集。	1. 通过多轮行动研究，不断改进、提高学校课程质量，提升教师课程执行能力，提升学生的课程体验。 2. 以学生为视角，进行课程成果展示。	反思、总结，形成新4·16细化方案，并通过展示、交流，增强学校在区级、市级的影响力。
教研改革 （教研规范与教法创新）	1. 结合"双新"教学变革，在课堂教学中推进真实情景教学。 2. "双减"背景、"双新"理念下，关注学生作业设计的减负增效，提质增能，体现"五项管理"中的作业管理要求，提升作业效能。	1. 以教研组为单位，开展基于课程标准的"双·成"教学及评价的实践研究。 2. 备课组收集学科教学真实情景，实施应用于课堂教学实践。 3. 按照"五项管理"要求印制校本作业。	1. 通过多轮行动研究，不断反思、改进，以教研组评优的方式初步评估教研规范性和教研成效。 2. 备课组总结经验，形成校本学科的情景案例集和各年级各学科校本作业集。	反思、总结，规范教研组校本教研制度，形成教研组、备课组学术至上的教研氛围。总结经验并推广，提升市、区影响力。

续　表

内容＼年份	制定实施年（2022年9月—2023年8月）	推进深化年（2023年9月—2024年8月）	评估改进年（2024年9月—2025年8月）	完善提升年（2025年9月—2026年8月）
教学监控	基于"双减"，形成学校期中、期末试题命题、审核、质量分析等教学监控的规章制度。	1. 从教导处、教研组、教师三个层面做好期中、期末考试质量分析及改进措施。 2. 利用信息技术手段，进行考后数据分析，精准化改进教与学。	1. 以教师教学改进的视角，每年每个年级评选一名先进教师。 2. 形成教研组长在教工大会上述职制度。	反思、总结、形成"双减"背景下基于数据改进教学的案例集。

（3）预期成果

A. 基于课程标准的"双·成"教学及评价研究的成果集（包括学科教学中真实情景案例集）。

B. 多学科融合的项目化学习特色课程。

C. 打造"双·成"特色的语文学习场和史地学习场。

D. 优秀教研组、优秀备课组、先进教师评选及相关评选材料的收集、整理、汇编成册。

E. "双新"背景下华模中学校本作业集。

5. 深化队伍建设，助力教师专业发展（职能部门：教导处）

（1）目标任务

教师队伍是学校发展的第一资源。以习近平总书记"四有教师"理念为目标，努力打造一支有理想信念、道德情操高尚、专业知识过硬、结构合理的有仁爱之心的教师队伍。

以"双·成文化"作为教师专业发展的着眼点，促进教师观念更新和专业素养的提升。以"双师制"为抓手，建设基于"双通"教育、适合学校发展特点的教师队伍，形成面向全员的阶梯式教师专业化发展体系，加强特色教师群建设和个性化培养，鼓励高端教师自成学术风范，使更多教师能适应"双新"背景，以及中考、高考综合改革背景下的"通能"教育，并努力成为相关领域的专家型教师。

拓宽教师发展新路径，使具有双重身份定位的教师在整体发展、素养内涵、创新智慧方面得到更高水平、更大潜能、更深层次、更广范围的释放，从而创造出一种带有校本特色、互动生成的教师自觉发展的"自育"机制。

（2）路径策略

年份 内容	制定实施年 （2022年9月— 2023年8月）	推进深化年 （2023年9月— 2024年8月）	评估改进年 （2024年9月— 2025年8月）	完善提升年 （2025年9月— 2026年8月）
师德师风	修订、改进学校规章制度中相关师德师风建设的实施方案。	开展"华模之星"教师评选。	宣传"华模之星"，打造"星师"工作坊。	以"星师"带动引领教师的专业发展。
专业发展一：青年教师及骨干教师的梯队培养	完善"相约·成长"校本培训项目，改进青年教师发展三年系列培训计划。	依托各类基地与平台，鼓励学科带头人、骨干教师在教育教学改革实践中寻求创新与突破，形成自己的教学风格，积累教学特色和经验。	积极鼓励教师参与各级各类评选，打造在市区有一定影响力的教师队伍；鼓励评选正高级教师。	建立优秀教师成长记录档案。
专业发展二：双师制教师的培养	引导教师熟练胜任"双·成文化"下的学业导师、人生导师两种角色，并对两种角色的职责、任务、指标等要素进行规划和设计，形成文本化的引导文件（华模导师导学手册）。	完善导学活动与导师培训，培训主要凸显导师在生涯规划、选科指导、学业辅导和生活等方面对学生的个性化指导，实现教师与学生的双向成全。	1. 导师人人都是优秀的家庭教育指导者。 2. 导师人人都是持证上岗的生涯规划师。	依托完中优势，拓展初中导师制的内涵，使在校学生人人都有导师。

年份\ 内容	制定实施年（2022年9月—2023年8月）	推进深化年（2023年9月—2024年8月）	评估改进年（2024年9月—2025年8月）	完善提升年（2025年9月—2026年8月）
专业发展三："双新"背景下教师学科素养与人文素养的培训	1. 制订校本研修方案，以问卷形式做好各级各类教师个人发展规划。2. 以"家常课公开"促进教师的研修与学习。3. 以"中青年教师大奖赛"完善教研组"阶梯式磨课共同体"的建设。	1. "双新"背景下、依托区域"双新"实验校项目，对教师进行学科素养及人文素养方面的培训。2. 以信息技术培训为载体，探索线上线下教学融合，提高教学质量。	1. 完成《"双新"理念下关注作业设计、减轻学业负担的教育实践与探索》课例集。2. 以"教师教育教学素养基本功大赛"为抓手，评估教师基本技能和教育素养的提升落实。	开展区域内的"'双新'背景下教师学科素养与人文素养的提升"成果展示活动。
专业发展四：青年干部的培养	制订青年干部培养方案。	安排优秀的青年教师轮岗教研组长、年级组长，部门行政助理等，在岗位工作中磨炼，为优秀教师的成长铺路。	跟踪建立优秀干部成长档案。	归纳总结，形成系列化培养方案。

（3）预期成果

A.《"双新"理念下关注作业设计、减轻学业负担的教育实践与探索》课例集。

B.《中学师生人文素养提升及基本框架建设的实践研究》区域课题成果。

C.《以职初教师的培养优化教师关键行为的行动研究》区域"双新"项目。

6. 提强科研特色，加大科研兴校力度（职能部门：科研室）

（1）目标任务

新一轮四年发展中，继续坚持教育科研是引领学校持续发展源动力的宗旨，以教育科研引领学校的改革，统整学校的教育教学理念与实践，凸显以科研破解学校发展瓶颈、寻找学校发展路径、拓展学校文化发展的特色；提强学校科研的引领和指导作用，围绕学校发展的一系列项目与课题（市级、区级、校级），在全校形成全员参与学习和研究的浓郁氛围；在区域层面连续稳定保持教育科研"先进单位"的荣誉与称号，不断地促进学校的可持续发展。

（2）路径策略

内容 \ 年份	制定实施年（2022年9月—2023年8月）	推进深化年（2023年9月—2024年8月）	评估改进年（2024年9月—2025年8月）	完善提升年（2025年9月—2026年8月）
制度建设	1. 健全完善科研管理制度：《科研室工作条例》《教育科研课题管理制度》《教育科研成果评选及奖励制度》《科研成果的推广与宣传》等，为学校科研工作的扎实推进提供保障。 2. 通过AMEQP全通教学质量监测平台、综合素质评价网站、翼生涯教学管理平台，以及数字化背景下的新型教学范式，搭建科研创新平	1. 高度重视教师的教育科研研修，定期组织开展"教育科研+校本研修"的专题科研活动。 2. 配合教导处，以教研组、年级组、备课组为阵地，深化学校承担的市、区级科研课题的专题研修。	1. 完善学科带头人、高级教师承担科研任务和对青年教师课题的指导机制。 2. 利用教工大会、年级组、教研组、备课组活动、导师制等建设学术交流平台，定期开展学术交流活动，营造浓郁的科研氛围。	充分发挥优秀团队、优秀教师的引领作用，在原有的评价制度基础上新增科研激励机制，给教师主动自愿参与科研而且愿意长期走下去的信心、勇气和毅力，获得教育幸福感和满足感，让科研成为教师专业发展的亮点。

内容＼年份	制定实施年（2022年9月—2023年8月）	推进深化年（2023年9月—2024年8月）	评估改进年（2024年9月—2025年8月）	完善提升年（2025年9月—2026年8月）
	台，营造全员参与的浓厚科研氛围，提升学校科研的整体建设。			
课题管理	1. 市级课题《指向"双·成文化"创建的中学教学及评价深度变革的行动研究》的深化研究、扎实推进。 2. 加强学校各级各类课题的指导与管理，积极组织开展课题研究活动，特别是中青年教师课题的指导与管理。	1. 完成市级课题的第一轮研究任务，召开中期成果汇报交流会。 2. 申报一项新的区级重点课题。	1. 完成市级课题结题，总结经验，撰写研究报告。 2. 实现教育科研优质资源共享基础上的融合创新，形成"学校有龙头课题，人人有研究专题"的良好科研氛围。	1. 完成《"双·成文化"下的中学教学及评价深度变革》著作编写。 2. 再立项一项新的市级课题。 3. 立项国家级课题的子课题。
论文发表	1. 举办校级论文评比活动，择优推荐到市、区级刊物发表。 2. 进一步办好《华模教育》，为教师服务，扩大影响力。	开展学理论、做研究、写教育日志活动，形成相关教师论文，促进教科研成果的交流和推广。	教师在国家、市、区级刊物上发表的论文有一定的数量。	激励教师在各学科的核心刊物上发表论文，论文发表质量高。
项目参与	1. 新一轮市级项目《"双新"背景下基于课程标准的高中语文"双·成"评价的实践研究》立项。 2. 推进区级"双新"项目《以职初教师的培养优化教师关键行为的行	定期组织开展"科研论坛"活动，为帮助教师紧跟"新时代、新课程、新教学"的步伐、切实聚焦课程育人和提升教育教学育人质量提供高	教师参与学校各类项目研究，参与率达到80%左右，参与市区交流率不低于35%。	全面推进学校教科研活动，引导教师由"经验型"向"科研型"教师转变，促进教师科研发展与学校整体发展的高度有机融合。

续　表

内容 ＼ 年份	制定实施年（2022年9月—2023年8月）	推进深化年（2023年9月—2024年8月）	评估改进年（2024年9月—2025年8月）	完善提升年（2025年9月—2026年8月）
	动研究》和《新教材背景下援引文字学基础知识提升学生语文核心素养的教学实践研究》。	质量的科研研修平台。		

（3）预期成果

A. 上海市市级课题《指向"双·成文化"创建的中学教学及评价深度变革的行动研究》研究报告与系列成果集。

B.《"双·成文化"下的中学教学及评价的深度变革》（暂定名）著作出版。

C. 上海市市级课题《新课标视域下伟大精神谱系融入中学思政课教学的行动研究》（2023—2026年）研究过程资料与成果集。

D. 全国教育科学"十四五"规划教育部重点课题《激活学生创造力：发达城区教学深度变革的实践性循证研究》子课题《指向激活学生创造力的"双·成"教学变革的实践研究》《指向激活学生创造力的中学思政"沉浸式学习共同体"的建构与实践研究》《基于共振理论的中学数学教学深度变革的实践研究》三项子课题的研究成果。

E. 市级项目《"双新"背景下基于课程标准的高中语文"双·成"评价的实践研究》系列成果。

F. 区级"双新"联动项目《以职初教师的培养优化教师关键行为的行动研究》和《新教材背景下援引文字学基础知识提升学生语文核心素养的教学实践研究》系列成果汇编。

7.优化导学导教，提升特色发展活力（导师团）

（1）目标任务

全面调研，了解导学现状。调研和分析学校初高中全员导师制的现状，为导学体系的优化提供依据。

优化导学机制，赋能导学教育。关注积极的师生关系的构建，开展导师梯队建设，探索导师专业培养的途径，提升初高中全员导师制教育质量。

拓展导学途径，提升导学效能。探索"混龄教育"下的初高中导学，形成导学经验和案例。

（2）路径策略

年份 内容	制定实施年 （2022年9月—2023年8月）	推进深化年 （2023年9月—2024年8月）	评估改进年 （2024年9月—2025年8月）	完善提升年 （2025年9月—2026年8月）
导师团队	建立导师核心团队；开展导师结对互助、青年导师论坛。	分组开展导师研修活动；开展中青年导师圆桌沙龙。	建立导师工作坊。	收集、修改、整理导学案例，形成导学案例集。
导学资源	根据中考、高考改革要求，梳理导学资源。	以混龄互动、资源共享、建立"导学资源袋"。	进一步梳理和探索师生协同为主的"混龄教育"资源。	收集、修改、整理导学资源。
混龄教育	修改和梳理初高中"混龄教育"的导学序列。	梳理整理"混龄导学"资源。	探索"混龄教育"过程中，师生沟通、生生沟通、家校社沟通的有效途径和方法。	总结初高中"混龄教育"的有效途径、方法和经验。
导学效能	分年级开展导学调研，了解导学现状。	探索导师专业培养的途径。	积极导学师生关系的构建。	收集、修改、整理导学案例，形成导学案例集。

（3）预期成果

A. 初高中导学现状调研报告。

B. 基于中考、高考改革的"混龄教育"导学序列。

C. 导学资源袋与案例集。

8. 整合资源配置，营造和谐育人环境（职能部门：总务处）

（1）目标任务

服务师生与教学，努力创建数字化校园。放眼未来，在现有基础上，加快硬件建设的步伐，为培养学生的创新思维保驾护航，夯实学生的科学素养，提升学生的实践创新能力，关注学生的个性发展，提供必要的保障。继续创建"上海市安全文明校园"。

（2）路径策略

内容 ＼ 年份	制定实施年（2022年9月—2023年8月）	推进深化年（2023年9月—2024年8月）	评估改进年（2024年9月—2025年8月）	完善提升年（2025年9月—2026年8月）
设施设备	1. 加强网络升级与管理，接入带宽扩容至500M。提高新建的攀岩墙、笼式足球场、陆地冰壶馆等使用效率。改造音乐教室、建设全息教室。 2. 以创建上海市绿色学校为契机，建立健全节约型校园制度，做好垃圾分类、绿化养殖等工作；排摸学校基础建设、设施设备运行状	1. 进一步改造现有的楼图书馆；创建未来智慧教室4期。 2. 深入推进上海市绿色学校建设，建立起节约减排、低碳节能的系统，创设舒适宜人的校园环境。 3. 建设一个好食堂，提升师生在校的	1. 网络中心改造到位：更新服务器，增加数据库存储服务器，程序存储服务器，备份服务器，为智慧数字校园的创建提供保障。 2. 电信创新实验室、心理辅导室、击剑房等专用室设备更新，提升各	1. 向教育局、规划局等上级部门提交西部操场改建新体育馆的设想与申请。 2. 学校校舍、设施设备配置和信息化建设达到上海市普通高中建设标准要求；学科教室、微实验室、数字化学习空间、图文数字中心、公

续　表

内容 ＼ 年份	制定实施年（2022年9月—2023年8月）	推进深化年（2023年9月—2024年8月）	评估改进年（2024年9月—2025年8月）	完善提升年（2025年9月—2026年8月）
	况，做好相关更新、维护工作。3. 加强食堂管理，创建"管理运行好、安全保障好、队伍素质好、设备维护好、师生评价好"的"五好"食堂。	安全幸福感。	种专用室的使用效率。	共开放空间等个性化学习空间建设满足学生教学和育人方式改革需要。
资源整合	充分争取上级部门的支持，充分利用好局信息中心提供的方便条件。聘请文体等校外专家参与学生学习指导，充分利用好附近市、区青少年活动中心提供的便利。	学校局域网建设为万兆骨干千兆端口接入网。发掘未来智慧教室潜能，强化师生在数字化条件下自主发展能力，夯实家校互通功能；加强与各个实践基地的数据共享，无纸化办公做到更彻底。	根据规划的需要和资金的可能增加改造投入，以跟上时代的发展，尽量实现学校的发展需要；根据新的要求做出微调。	1. 完善学校向社区开放的设施、制度和运行方案，为校社共建文明社区贡献力量。2. 继续加强与复旦、上外、同济等大学的合作，为学生的课外人文科技兴趣创新提供更广阔的舞台。

（3）预期成果

A. 继续保持市"安全文明校园"称号。

B. 学校数字化、无纸化办公，绿色学校特征明显。

C. 助力学生人文素养、科学素养、信息素养提升及身体素质发展的条件充分。

D. 保障初高中全面实施导师制的实施，彰显"双·成文化"特色。

（二）创新项目和实验内容

面对"新课标、新教材"的推进与实施，学校坚持以习近平新时代中国特色社会主义思想为指导，全面贯彻党的教育方针，落实立德树人根本任务，发展素质教育，遵循教育规律，围绕凝聚人心、完善人格、开发人力、培育人才、造福人民的工作目标，推进育人方式改革，充分发挥课程在学校育人环节中的核心作用，切实提升育人水平，让学校成为育人的摇篮，让学生成为有利于社会的人。为此确定了"双新"创新工作，提出以实验项目助推"双新"发展。

1. 实验项目：导师制背景下基于学生核心素养促进教师自觉发展的机制研究

目标：构建导师制背景下基于学生核心素养促进教师自觉发展的机制，将科学精神与人文情怀相辅相成地运用到基础教育管理中来要成为华模人的文化共识。"科学布局，人文评价，刚柔相济，荣升自觉"是我校的管理理念，整体引领学校运行体系，优化学校上下行动逻辑，提升华模育人文化。

策略与途径：不断深化"导师制"，从"高中导师制"到"导师合作制"、到"后导师制"、再到"指向学生核心素养的教师发展研究"，"导师课程"保障"导师制"的实施，课程形式凸显"任务驱动"，导学过程较好实现了学生、导师的融合。

示范性：通过课题引领、专家指导、围绕课程标准学习、课堂教学研讨、校（组）际研讨交流、参与"通能"课程开发、实验项目的方案制订等形式，促进教师观念更新和专业素养的提升。近年来，《中国教育报》《中国基础教育》等媒体先后对学校"导师制"办学成果做了报道，华东师大出版社出版的专著《课堂外的精彩》《导师在左，合作在右》，呈现了我校的办学育人价值追求。

2. 实验项目：基于学科核心素养的大单元教学设计校本研修

目标：教师超越课时、课文与知识点，对接素养目标，整合知识、情境与任务开展教学设计，并带来学生学习方式的变革。大单元教学设计，实现了课程改革从知识为本，向学生发展为本的转变，更有利于学生高阶思维的培养，引导学生成为积极主动的学习者。

策略与途径：以校为本的学科组研修。通过集体智慧，利用"学习—实践—交流—反思—实践—展示"的螺旋式研修行动，体会单元教学设计的理论；同时，通过教学实际相结合的案例和现场的互动，引导教师由旧知开启新知，并逐渐进行内化，使教师不仅明白大单元整体教学设计的意义，更明确具体的实操步骤和方法。

示范性：立德树人是教育在新时代发展的根本任务，学科核心素养是学科育人价值的集中体现。基于学科核心素养的大单元教学设计校本研修，解决了困扰教师自主发展的瓶颈问题：在新形势下如何不断探索即学即用、求真务实的路径，脚踏实地从现实条件下做起，全面贯彻党的教育方针，落实立德树人的根本任务，推动人才培养模式的创新，培养全面发展的社会主义建设者和接班人。这本身就是很好的示范。

文化立校，既是一个永恒的话题，也是一个不懈的追求。

文化立校，只有更好，没有最好。

华模的"双·成文化"，是学校多年持续探索的产物，也是传承与发展的结晶。

在探索文化立校的道路上，以时代需求和社会要求，依据教育规律，依托文化元素，不断丰富"双·成文化"的内涵，进阶"双·成文化"的精神，拓展"双·成文化"的外延，是我们的使命和责任。

　　站在"双·成文化"的基点，投身"双·成文化"的探索实践，必将让华东模范中学有更华美的办学篇章、有更模范的育人诗篇！

图书在版编目（CIP）数据

文化立校的传承与发展：学校"双·成文化"方略
的研制与践行 / 徐怡敏著. — 上海：文汇出版社，
2024.9. — ISBN 978 - 7 - 5496 - 4340 - 0

Ⅰ. G637

中国国家版本馆CIP数据核字第2024HA0779号

"新师说"书系

文化立校的传承与发展

——学校"双·成文化"方略的研制与践行

作　　者 / 徐怡敏

责任编辑 / 张　涛

封面装帧 / 梁业礼

出 版 人 / 周伯军

出版发行 / 文汇出版社

　　　　　上海市威海路755号　（邮政编码：200041）

经　　销 / 全国新华书店

排　　版 / 南京展望文化发展有限公司

印刷装订 / 上海颛辉印刷厂有限公司

版　　次 / 2024年9月第1版

印　　次 / 2024年9月第1次印刷

开　　本 / 720×1000　1/16

字　　数 / 155千字

印　　张 / 12

ISBN 978 - 7 - 5496 - 4340 - 0

定　　价 / 65.00元